AF452437

POUR NOS FILS

POUR NOS FILS

A L'USAGE

DE L'ENSEIGNEMENT PRIMAIRE

PAR

CH. LEBAIGUE

ANCIEN MEMBRE DU CONSEIL SUPÉRIEUR DE L'INSTRUCTION PUBLIQUE
AUTEUR DU « LIVRE DE L'ÉCOLE »

COURS MOYEN

PARIS

LIBRAIRIE CLASSIQUE EUGÈNE BELIN
BELIN FRÈRES

RUE DE VAUGIRARD, 52

1894

Tout exemplaire de cet ouvrage, non revêtu de notre griffe, sera réputé contrefait.

AVERTISSEMENT

Nous n'avons pas à recommander ici *le Livre de l'école*, une des publications les plus en faveur dans nos établissements d'instruction primaire. On s'accorde généralement à en apprécier les mérites : le choix judicieux et varié des textes, l'utilité et l'à-propos des commentaires qui les accompagnent, leur application pratique à toutes les parties d'un enseignement vraiment moral. Cependant plusieurs maîtres ont cru remarquer qu'un certain nombre de lectures dépassaient plus ou moins la portée du jeune public auquel elles s'adressaient, et ils ont manifesté le désir que le niveau en fût abaissé. Nous avons soumis cette observation à M. Ch. Lebaigue. Son avis est qu'il n'y a pas lieu de modifier dans son ensemble un livre dont le succès ne s'est pas encore démenti et qu'un grand nombre d'instituteurs semblent disposés à conserver tel quel ; mais il a pensé qu'il était en même temps équitable et possible de satisfaire au vœu de ceux qui désirent des lectures plus élémentaires. De là le présent recueil : *Lectures expliquées pour nos fils.* Il est composé en partie d'éléments nouveaux, en partie de morceaux empruntés au *Livre de l'école,* les uns et les autres mieux appropriés peut-être à la moyenne des jeunes intelligences. Du reste, il est conçu dans le même esprit et exécuté sur le même plan que la précédente publication; et, pour rappeler le but que s'est proposé l'auteur, nous ne pouvons mieux faire que de reproduire la préface qu'il adressait aux maîtres.

LES ÉDITEURS.

AUX MAITRES

Une grande partie des morceaux qui composent ce recueil se trouve déjà dans bien des anthologies scolaires; c'est qu'en effet ils méritent et mériteront longtemps encore d'être offerts aux enfants de nos écoles comme des modèles de langage, de sentiment et de raison. Les autres pièces réparties dans ces trois volumes sont moins connues; mais elles nous ont paru dignes à tous égards de compléter ce premier fonds traditionnel. Il n'en est pas une qui n'offre à l'enfance une notion utile ou qui ne lui enseigne le respect d'un devoir.

Nous n'avons adopté dans le classement des matières aucun ordre didactique ou chronologique. Épisodes d'histoire, fables, contes, descriptions, leçons de morale, nous avons tout entremêlé à dessein, persuadé que la variété est un stimulant pour la curiosité et l'application des jeunes esprits. La meilleure disposition est celle qui se règle sur la nature ou sur l'étendue des textes, qui tient compte de la maturité progressive de l'intelligence : c'est celle que nous avons suivie. Cependant il va de soi qu'en pareil cas la liberté du maître reste entière ; au fond, il est le meilleur juge de la gradation qu'il lui convient d'observer dans un enseignement dont il a l'habitude, la direction et la responsabilité.

Si un commentaire est indispensable, assurément c'est dans un livre de ce genre : tout le monde à peu près est d'accord sur ce point.

Nous avons placé immédiatement après chaque lecture une suite d'explications portant à la fois sur l'ensemble et sur les détails, sur les idées et sur les mots, de façon

que le commentaire, tout en restant l'accessoire du texte,
fût en quelque sorte une partie intégrante du livre.

En effet, nos explications sont loin d'être complètes et
définitives. En réalité, nous n'avons fait que planter des
jalons dont le maître devra combler les intervalles et au
besoin modifier la direction. Qu'il n'hésite pas à *com-
menter le commentaire*, qu'il ne se fasse aucun scrupule
de le raccourcir ou de l'étendre à son gré, d'en abaisser
ou d'en élever le ton, d'en changer la forme, là où elle lui
paraîtra trop doctorale ou trop abstraite; en un mot,
qu'il s'applique à le mettre toujours au point et au degré
de son jeune auditoire. Son tact et son expérience le gui-
deront mieux dans cette voie que ne pourraient le faire
tous nos conseils.

Nous avons touché à peine aux questions de gram-
maire, lui réservant cette tâche, parce qu'il sait seul à
quel moment et dans quelle mesure il doit aborder telle
particularité d'analyse ou de syntaxe. Il en est de même
des exercices sur le vocabulaire et sur la formation des
mots, tels qu'ils sont mentionnés au programme officiel :
ils sont surtout du domaine de l'enseignement oral.

Entre temps, nous avons substitué à l'explication suivie
un questionnaire plus ou moins développé. Quiconque a
enseigné sait tout le parti qu'on peut tirer dans une classe
de la méthode interrogative. Elle tient en éveil l'attention
des élèves et sollicite leur émulation : appliquée par un
directeur habile, elle crée une sorte de travail collectif,
d'enseignement mutuel, auquel participent les esprits les
plus lents, auquel s'intéressent les plus légers. Nous sa-
vons bien qu'une partie des questions posées ne seront
pas résolues par les écoliers ; plus d'une fois ce sera le
maître qui fera la demande et la réponse. Mais qu'im-
porte ? Si son intervention se produit avec tact et avec
mesure, elle ne pourra qu'accroître l'intérêt et le profit
de cette espèce de maïeutique. Il aura mis en jeu l'intelligence, la réflexion, la sagacité, la sensibilité de ceux
qu'il interroge : c'est l'essentiel.

Pour arriver à ce résultat, il est encore une excellente

pratique qui pourra être employée concurremment avec les autres. Quand le maître aura lu à haute voix le morceau qu'il veut faire étudier (et nous ne saurions trop insister sur la nécessité de cette lecture), quand il en aura marqué les points essentiels et dégagé la pensée dominante, il fera bien quelquefois d'inviter un de ses élèves à le reproduire de mémoire. Nécessairement il échappera à l'enfant plus d'une inexactitude dans le tour et dans l'expression des idées. Le maître trouvera là l'occasion d'un enseignement fructueux. Il ne se bornera pas à constater ces inexactitudes; il en fera ressortir le plus ou moins de gravité; ou plutôt il amènera l'élève à reconnaître par lui-même ce que la pensée de l'auteur gagne à être rétablie dans sa forme primitive. C'est là surtout qu'il lui sera aisé de montrer en quoi consiste le choix d'une tournure ou la justesse d'un terme, ce que c'est qu'un synonyme, quelle est la valeur d'une métaphore, etc., en un mot, de faire comprendre à des esprits novices, mais curieux, quels sont les rapports intimes de la parole avec la pensée, du mouvement de la phrase avec le sentiment.

Un dernier conseil pour clore cette trop longue préface. La place prise par le commentaire nous a obligé de restreindre le nombre des textes. L'instituteur devra compléter nos choix par de fréquentes lectures faites en dehors des leçons réglementaires. Çà et là, nous lui avons indiqué certains morceaux qu'il aurait à lire à l'occasion de telle ou telle pièce de ce recueil. Ses souvenirs et ses recherches élargiront la route que nous avons ouverte; et la bibliothèque scolaire lui fournira pour cela d'abondantes ressources. Une lecture a par elle-même un grand attrait pour les écoliers; vivifiée par la parole du maître, alimentée par ses remarques, élargie par ses rapprochements et ses questions, elle aide puissamment à l'éducation de leur esprit et de leur cœur.

Nous ne saurions trop le répéter, les pages de choix qu'on fait lire et apprendre aux enfants, en même temps qu'elles sont pour eux des leçons pratiques de langue française, deviennent un enseignement parlant et vivant qui fortifie leur jugement, façonne leur goût, éveille leur imagination, éclaire et dirige leur conscience. Sans les initier aux règles de la logique ou aux théories de la métaphysique, on les familiarise insensiblement avec les idées justes et les sentiments élevés, on affermit en eux le bon sens et le sens moral, on développe l'intelligence de ce qui est vrai et l'amour de ce qui est bien.

C'est à ce but surtout que tendent les efforts d'un instituteur actif, consciencieux et dévoué ; c'est là aussi qu'ont tendu les nôtres : heureux si ce modeste travail peut lui faciliter l'accomplissement de sa tâche, la plus laborieuse de toutes, mais de toutes aussi la plus importante, la plus respectable et la plus méritoire.

Ch. L.

Dans la seconde partie de ce volume, on trouvera un certain nombre de textes sans commentaire ni questionnaire. Car, si nous avons jugé utile en principe d'associer nos efforts à ceux du maître, il nous a paru bon de lui laisser de temps en temps tout le mérite et tout le plaisir de l'enseignement. Il n'est pas sans intérêt d'ailleurs que les enfants soient abandonnés parfois à eux-mêmes, et qu'à la suite d'une lecture toute personnelle ils manifestent leurs impressions avec une entière spontanéité.

POUR NOS FILS

PREMIÈRE PARTIE

1. — Le départ pour l'école.

Ecolier, qui pars pour l'école,
Garde-toi de traîner le pas[1] ;
En chemin ne t'amuse pas,
Mais songe à l'heure qui s'envole.

Pour ton modèle et ton symbole[2],
Si tu m'en crois, tu choisiras,
Non pas le papillon frivole[3],
Trop ami des joyeux ébats[4] ;

Mais l'abeille toujours pressée,
Qui butine dans la rosée
Toutes les fleurs riches en miel[5].

« Jamais d'école buissonnière[6], »
Dit cette bonne conseillère,
Qui voltige entre terre et ciel.

H. DURAND.

1. *Traîner le pas*, marcher lentement et avec paresse.
2. *Symbole*, image.
3. *Frivole*, vain et léger.
4. *Ebats*, jeux, divertissements.
5. *Butiner les fleurs*, en tirer du butin, de la récolte.

6. *Faire l'école buissonnière*, aller jouer au lieu de se rendre à l'école.

Pourquoi le poète a-t-il choisi l'abeille pour donner à l'enfant ce sage conseil? C'est que de tous les animaux nul n'est plus actif et plus infatigable au travail.

Jamais d'école buissonnière. Comprenez bien le sens de cette parole. Cela veut dire : soyez exacts, soyez réguliers, soyez assidus à l'école; n'interrompez pas le cours de vos études par des absences volontaires, par des retards calculés, par des promenades faites sans l'aveu et à l'insu de vos parents. La perte d'une journée, d'une demi-journée, a de l'importance dans la semaine de l'écolier. Les absents ont toujours tort, dit un proverbe. On manque une leçon utile, on laisse ses camarades prendre les devants; en se voyant distancé, on se décourage, on perd le goût de l'étude, on s'habitue aux derniers rangs de la classe, on devient un mauvais élève; par conséquent, on se prépare à devenir un homme médiocre, un citoyen peu utile à la patrie. Cela est grave. Mais ce qui est plus grave encore, c'est qu'en manquant la classe pour courir les rues et battre les buissons, on trompe la confiance de ses parents et de ses maîtres. On va plus loin : on imagine des mensonges pour s'excuser : après avoir été paresseux, on devient hypocrite et malhonnête. Quelle triste perspective! Répétons avec la bonne abeille : *Jamais d'école buissonnière!* mais de l'assiduité, encore de l'assiduité, toujours de l'assiduité.

----

2. — **Le champ d'orge.**

Dans la dernière guerre d'Allemagne, un capitaine de cavalerie est commandé pour aller au fourrage[1]. Il part à la tête de sa compagnie et se rend dans le quartier[2] qui lui était assigné. C'était un vallon solitaire, où l'on ne voyait guère que des bois. Il aperçoit une pauvre cabane, il y frappe; il en sort un religieux à barbe blanche. « Mon père[3], lui dit l'officier, montrez-moi un champ où je puisse faire fourrager mes cavaliers. — Tout à l'heure[4], » reprit le vieillard.

Ce brave homme[5] se met à leur tête et remonte avec eux le vallon[6]. Après un quart d'heure de marche, ils trouvent un beau champ d'orge : « Voilà ce qu'il nous faut, dit le capitaine. — Attendez un moment, lui dit son conducteur, vous serez content. »

Ils continuent à marcher, et ils arrivent, à un quart de lieue plus loin, à un autre champ d'orge. La troupe aussitôt met pied à terre, fauche le grain[7], le met en

trousse[8], et remonte à cheval. L'officier de cavalerie dit alors à son guide : « Mon père, vous nous avez fait aller trop loin sans nécessité : le premier champ valait mieux que celui-ci. — Cela est vrai, monsieur, reprit le bon vieillard ; mais il n'était pas à moi. »

BERNARDIN DE SAINT-PIERRE.

1. *Aller au fourrage* ou *fourrager*, c'est aller couper l'herbe nécessaire à la nourriture des chevaux.

2. *Le quartier*, la partie de la plaine.

3. *Mon père.* C'est la qualification qu'on donne aux membres des ordres et des congrégations religieuses.

4. *Tout à l'heure*, tout de suite, à l'instant même.

5. Un *brave homme* est un honnête homme ; un *homme brave* est un homme qui a de la bravoure. Cette distinction n'existait pas dans la langue du dix-septième siècle.

6. *Val* ou *vallée* désigne un espace resserré entre deux montagnes : un *vallon* est une petite vallée.

7. *Grain* n'est pas ici le mot propre; ce qu'on fauche, ce n'est pas l'épi où est renfermé le grain, mais c'est la tige. Toutefois l'expression est claire.

8. *Le met en trousse*, le met en botte. La trousse de fourrage se place derrière la selle.

Ce religieux a fait preuve à la fois d'honnêteté (*brave homme*) et de bonté (*bon vieillard*). Il s'est montré honnête, en faisant respecter la propriété d'autrui; il s'est montré bon, en faisant aux soldats l'abandon de sa propre récolte.

---

3. — La guenon et la noix.

Une jeune guenon[1] cueillit
Une noix dans sa coque[2] verte;
Elle y porte la dent, fait la grimace... « Ah! certe,
Dit-elle, ma mère mentit,
Quand elle m'assura que les noix étaient bonnes;
Puis croyez aux discours de ces vieilles personnes
Qui trompent la jeunesse! Au diable soit le fruit! »
Elle jette la noix. Un singe la ramasse,
Vite entre deux cailloux la casse[3],
L'épluche, la mange, et lui dit :
« Votre mère eut raison, ma mie[4],
Les noix ont fort bon goût, mais il faut les ouvrir.
Souvenez-vous que, dans la vie,
Sans un peu de travail on n'a pas de plaisir. »

FLORIAN.

1. Qu'est-ce qu'une *guenon*? — Est-ce, comme on le croit généralement, la femelle du singe?

2. Qu'appelle-t-on la *coque* d'un fruit? Le mot *coque* a-t-il d'autres significations?

3. *Au diable soit le fruit!* — *Vite entre deux cailloux la casse.* Rétablissez la construction grammaticale dans ces deux phrases.

4. Quelle est l'origine de l'expression *ma mie*?

Un jour un vieillard disait à son petit-fils : « Voici un livre d'étrennes : il est rempli de belles histoires. Tu voudrais bien les connaître; mais tu ne sais pas lire. Voilà une lettre que m'écrit ta mère absente : elle est pleine de choses qui te concernent. Tu voudrais bien répondre toi-même à toutes ses questions; mais tu ne sais pas écrire. Depuis trois ans, tu places tes économies à la caisse d'épargne, et tu voudrais connaître le chiffre de ta petite fortune; mais tu ne sais pas compter. Eh bien, cher petit, apprends à lire, apprends à écrire, apprends à compter, et tes désirs, un jour ou l'autre, seront satisfaits. — Mais, répondit l'enfant, c'est une grande fatigue que d'assembler des syllabes, de tracer des jambages et d'aligner des chiffres. — D'accord, reprenait le grand-père; mais il en est de l'étude comme de la châtaigne : celle-ci cache son fruit sous une enveloppe piquante, l'autre ses avantages sous un peu de fatigue. Pour savourer la châtaigne, il faut enlever l'écorce; pour jouir des avantages de l'étude, il faut vaincre l'ennui des commencements. Le fabuliste l'a dit,

Sans un peu de travail on n'a pas de plaisir. »

---

4. — A demain.

« Je labourerai mon champ demain, disait Jeannot; il ne faut pas perdre de temps, car la saison s'avance, et, si je négligeais de cultiver ce champ, je n'aurais point de blé, et par conséquent point de pain. »

Le lendemain arriva, Jeannot était debout dès l'aurore : il songeait déjà à prendre sa charrue, lorsqu'un de ses amis vint l'inviter à un festin[1] de famille. Jeannot hésita d'abord; mais, en y réfléchissant, il se dit : « Un jour plus tôt ou plus tard, ce n'est rien pour mon affaire, et un jour de plaisir perdu l'est pour toujours. » Il alla au festin de son ami.

Le lendemain il fut obligé de se livrer au repos; car il avait un peu trop bu, un peu trop mangé, et il avait mal à la tête et à l'estomac. « Demain nous réparerons cela, » dit-il en lui-même.

Demain vint; il plut. Jeannot eut la douleur de ne pouvoir sortir de la journée.

Le jour suivant, le soleil était beau, et Jeannot se sentait plein de courage : malheureusement son cheval était malade à son tour. Jeannot maudit la pauvre bête.

Le jour suivant était un jour de fête. On ne pouvait se livrer au travail; on allait entrer dans une nouvelle semaine[2], et en une semaine on expédie bien de la besogne.

Il commença par aller à une foire[3] des environs; il n'avait jamais manqué d'y aller : c'était la plus belle foire à dix lieues à la ronde[4]. Il alla ensuite à la noce d'un de ses plus proches parents; il alla même à un enterrement : enfin il s'arrangea si bien que, lorsqu'il se mit à labourer son champ, la saison de semer était passée : aussi n'eut-il rien à récolter.   BLANCHARD.

1. *Festin*, repas de fête.
2. *On ne pouvait... on allait entrer...* Ces phrases expriment les réflexions de Jeannot.
3. *Foire*, grand marché public qui se tient à époques fixes.
4. *Il n'avait jamais manqué... c'était la plus belle...* Ce sont encore les réflexions du paysan. — *A la ronde*, à l'entour.

On peut rapprocher de cette historiette la fable de La Fontaine : *Le lièvre et la tortue.*

Une institutrice célèbre, Mme de Campan, a dit avec raison : «Ne remettez rien à demain. Demain est le destructeur de tous les bons projets. Demain fuit toujours devant nous et n'arrive jamais; car, lorsqu'on l'atteint, il est devenu aujourd'hui.» Que de déceptions, de contrariétés, de malheurs même attendent l'homme qui méconnaît le prix du temps et s'arrange toujours de manière à arriver trop tard! Chez les uns, c'est faux calcul ou timidité, chez les autres, c'est insouciance, amour du plaisir ou paresse. Jeannot est de ceux-ci; on peut le plaindre, mais il faut le blâmer. Chaque chose doit se faire à son heure, et le temps perdu se rattrape malaisément, à l'école comme ailleurs.

Ecoutons le langage qu'un poète ami de l'enfance met dans la bouche d'un bon écolier :

> Amusons-nous d'abord, dit Léon; mon devoir,
> Je le ferai tantôt, je le ferai ce soir.
> Le soir, il bâille et dort; mais pour faire sa tâche,
> Il va, dit-il, demain, réveiller le soleil.
> Le réveiller! hélas! on l'appelle, on se fâche :
> A sept heures encore il dort d'un plein sommeil.
> En classe il est puni; cela n'est pas merveille :
> Comment ne pas punir un écolier pareil?
> Moi, pas si fou : je fais tous mes devoirs la veille.
> Qui toujours remet à demain
> Trouvera malheur en chemin.

Pour terminer, rappelons le proverbe espagnol : « le sentier de *Tout à l'heure* et la route de *Demain* ne conduisent qu'au château de *Rien du tout.* »

5. — Grands et petits.

Dans la basse-cour d'un château,
Un coq, blessé par un taureau,
Disait, en redressant la tête :
« Ce butor[1] ne peut-il regarder à ses pieds ?
Faut-il par cette lourde bête
Que nous soyons estropiés[2] !
De sa présence ici nous avons bien affaire[3] !
Hélas ! je suis mort à demi. »
En exhalant[4] ainsi sa trop juste colère,
Il écrasait une fourmi.

LA VALETT .

1. Le *butor* est un oiseau de proie qui vit dans les marécages. Ce mot s'emploie au figuré pour désigner un personnage grossier et maladroit.
2. *Estropier*, c'est priver de l'usage d'un membre par un coup ou par une blessure.
3. *Affaire*, besoin.
4. *Exhaler*, exprimer vivement et avec force.

Ainsi va le monde : on se plaint des injustices, des vexations dont on est l'objet, et l'on ne songe guère au mal qu'on fait aux autres ; on s'irrite contre un plus puissant, qu'on traite volontiers de bourreau et de tyran, et l'on ne s'aperçoit qu'on est soi-même le bourreau et le tyran d'un plus petit. En un mot, on est porté à réclamer contre les abus de force et de pouvoir, et l'on abuse soi-même de son pouvoir et de sa force ; on proteste au nom de ses droits méconnus, et l'on se dérobe à l'accomplissement de ses devoirs. Souvent c'est involontairement et sans mauvaise intention que les autres nous portent préjudice, et nous-mêmes nous nuisons aux autres sans le vouloir et sans le savoir. C'est là une raison de plus pour apprécier les choses avec équité et avec indulgence. Le coq a écrasé la fourmi par mégarde, et il n'est pas responsable de son méfait ; mais le taureau qui l'a maltraité en passant l'a fait aussi sans préméditation : c'est donc à tort que le coq l'accuse et l'injurie. Gardons-nous des jugements téméraires, gardons-nous surtout de l'intolérance.

---

6. — Tel père, tel fils.

Un jeune homme, qui était sur le point de se marier, résolut d'éloigner son père de la maison et de le reléguer[1] à la campagne. Il craignait que la compagnie du vieillard ne déplût à sa jeune femme. Son père avait près de cent ans et était hors d'état de lui résister. Il le fit monter dans un chariot et le mena jusqu'à la porte d'une

mauvaise métairie[2] qu'il avait dans la campagne : c'était dans cette métairie qu'il voulait l'enfermer.

« Mon fils, dit le vieillard, je vois ce que tu veux faire. Mais je ne te demande qu'une chose : c'est de me conduire au moins jusqu'à la table de pierre qui est dans ce jardin. »

Le fils conduisit son père jusqu'à cette table. Quand

ils y furent arrivés : « Maintenant tu peux partir et m'abandonner, dit le vieillard. C'est ici qu'autrefois j'ai amené mon vieux père et que je l'ai abandonné. — Ah! mon père! s'écria le jeune homme, si j'ai des enfants, c'est donc ici qu'ils m'amèneront à mon tour! »

Et alors, reconduisant son père à la ville, il lui donna la plus belle chambre de sa maison et la place la plus honorable à son repas de noces.

Saint-Marc Girardin.

1. *Reléguer*, envoyer à l'écart.
2. A proprement parler, une *métairie* est un domaine exploité par un cultivateur qui partage sa récolte avec le propriétaire. Mais quelquefois, comme ici, les mots *métairie* et *métayer* s'emploient pour *ferme* et *fermier*.

Devenus hommes, nous ne devons plus obéissance à nos parents, mais nous leur devons toujours déférence et respect. De plus, quand ils sont arrivés à la vieillesse, il faut que nous leur rendions ce qu'ils ont fait pour nous, que nous pourvoyions à leurs besoins. La loi peut nous y contraindre; mais, sans attendre qu'elle intervienne, mettons notre plaisir à leur procurer, autant qu'il est en nous, le repos et l'aisance, à les entourer de soins et d'égards. C'est en cela que consiste la piété filiale.

Le vieillard avait été mauvais fils; il méritait d'être traité comme il avait traité son père. Mais le jeune homme, en le voyant malheureux et repentant, fait un retour sur lui-même et revient au sentiment de ses devoirs. Il n'imitera pas la conduite paternelle, et, s'il a des enfants, il leur laissera l'exemple d'un fils dévoué et respectueux.

------

7. — La poule et ses poussins.

Voyez la poule dans l'herbe
Qui marche seule en avant,
La tête haute, superbe[1],
Tous ses petits la suivant.

Souvent elle fait entendre
Un gloussement[2] redoublé;

Elle appelle : qui veut prendre
Ce grain de mil[3] ou de blé ?

Aussitôt on court, on lutte,
Pour devancer son voisin,
Et plus d'un fait la culbute
Ou reste à moitié chemin.

Enfin la paix achevée,
Sur le sable, en plein soleil,
La couveuse et la couvée[4]
Se disposent au sommeil.

Alors la poule enfle l'aile[5]
Pour abriter ses petits.
Bientôt les voilà sous elle,
L'un près de l'autre blottis[6].

TOURNIER.

1. *Superbe*, fière de conduire ses poussins.
2. *Gloussement*, cri de la poule quand elle appelle ses petits.
Ce mot désigne aussi le cri des dindons.
3. *Mil* ou *millet*, plante de la famille des graminées. La tige
de millet sert de nourriture au bétail ; la graine est réservée
aux oiseaux.
4. *Couver* se dit des oiseaux qui se tiennent sur leurs œufs
pour les faire éclore. *Couvée* se dit de tous les œufs qu'un oiseau couve en même temps, et aussi de tous les petits qui en
sont éclos. — Ici le mot *couveuse* désigne la poule, quoiqu'elle
ait cessé de couver.
5. *Enfle l'aile*, soulève ses ailes, comme si elles étaient gon-
flées par le vent.
6. *Blottis*, accroupis.

Ce petit tableau champêtre n'a rien de nouveau pour vous ;
mais ce que vous ignorez peut-être, c'est que cette mère si
faible, si timide, devient intrépide quand il s'agit de défendre
ses poussins menacés par un oiseau de proie.

Cette tendresse maternelle, vous avez pu la remarquer chez
tous les animaux ; c'est surtout dans les petits oiseaux qu'elle
nous intéresse : il semble que leur faiblesse les rende à la fois
plus vaillants et plus ingénieux pour défendre leurs petits.
Voyez plus loin : *Un oiseau héroïque*. Mais, quelque touchant
que soit le tableau d'une perdrix, d'une fauvette, d'une mé-

sange, cherchant à sauver leur nichée en péril, qu'il y a loin de là à l'amour intelligent de vos mères! Nous n'insistons pas sur ce rapprochement. Votre raison et votre cœur vous en diront plus que toutes nos paroles. Qu'il vous suffise de vous rappeler ces deux vers :

> Vous n'aimerez jamais vos mères
> Autant qu'elles vous ont aimés.

8. — La perruque.

Étant au collège, Alfiéri[1] fit une maladie grave à la suite de laquelle il perdit tous ses cheveux. Pour dissi-

muler cette calvitie[2] passagère, il dut mettre une perruque : il espérait ainsi se soustraire aux moqueries de ses cama-rades. Mais il n'en fut rien : cette perruque ne fit qu'ex-citer l'humeur taquine des plus malicieux.

Alfiéri, qui était d'un caractère peu endurant, répondait aux brocards[3] par des invectives et se vengeait des niches par des coups de poing. Mais cette attitude belliqueuse n'était pas faite pour désarmer les mauvais plaisants ; au contraire, elle semblait encourager leurs attaques.

Il le comprit à la fin et se décida à changer de tactique[4]. Un matin, avisant[5] quelques-uns de ses persécuteurs les plus acharnés, il va résolument au-devant d'eux, ôte son bonnet, arrache sa perruque et la lance en l'air, au grand ébahissement[6] de la bande joyeuse. Puis il la ramasse, la retourne, la roule, la tiraille en tous sens, et finalement l'applique tout ébouriffée sur la tête d'un de ses camarades.

Cette farce eut un plein succès. Jamais la perruque du petit Alfiéri n'avait provoqué de tels éclats de rire ; mais ce furent les derniers. A partir de ce jour, on cessa de le plaisanter sur un accident qu'il avait su lui-même tourner en plaisanterie.   Mme A. Tastu.

1. Victor *Alfiéri*, célèbre poète tragique d'Italie, né à Asti en 1749, mort en 1803.
2. *Calvitie*, état d'une tête chauve.
3. *Brocard*, parole mordante. — *Invective*, discours injurieux.
4. *Tactique*, art de combattre, et, par extension, manœuvre quelconque.
5. *Avisant*, apercevant.
6. *Ébahissement*, étonnement prolongé. Au propre, *s'ébahir*, c'est admirer la bouche béante.

A l'école, comme au collège, vous êtes exposés à bien des taquineries, le plus souvent inoffensives, mais quelquefois absurdes et cruelles. Sans doute il faut savoir de bonne heure se faire respecter et assurer sa tranquillité ; mais, pour cela, le plus sûr moyen, c'est encore la patience. Etes-vous raillés pour quelque infirmité physique, ne cherchez pas trop à la dissimuler, prenez-en bravement votre parti, et vous mettrez à la fin les rieurs de votre côté. Vous plaisante-t-on sur un défaut de caractère, sur un travers d'esprit, sur une mauvaise habitude, profitez des moqueries dont vous êtes l'objet pour vous surveiller, pour vous corriger. Ne témoignez dans aucun cas ni colère, ni rancune. Tout jeunes que vous êtes, vous pouvez prendre exemple sur Anaximandre, un des plus savants hommes de la Grèce. Un jour qu'il traversait la place du marché, il chantait à demi-voix, tout en cherchant la solution d'un problème. Quelques promeneurs oisifs commencèrent à le suivre en se moquant de lui : « Oh! le beau musicien!... Il va pleuvoir, les grenouilles chantent... », et cent autres impertinences. Notre savant se fâcha-t-il? Nullement. Il se tourna vers les railleurs, le sourire sur les lèvres : « Mes amis, leur dit-il, une autre fois, je tâcherai de mieux chanter. » La foule, qui s'était amassée, éclata de rire; mais ce ne fut pas aux dépens d'Anaximandre.

---

9. — Les deux voyageurs.

Le compère Thomas et son ami Lubin
Allaient à pied tous deux à la ville prochaine.
    Thomas trouve sur son chemin
    Une bourse de louis pleine[1] :
Il l'empoche[2] aussitôt. Lubin, d'un air content,
    Lui dit : « Pour nous la bonne aubaine[3] !
    — Non, répond Thomas froidement[4],
Pour nous n'est pas bien dit; *pour moi*, c'est différent. »
Lubin ne souffle plus[5]; mais, en quittant la plaine,
Ils trouvent des voleurs cachés au bois voisin[6].
    Thomas tremblant, et non sans cause[7],
Dit : « Nous sommes perdus! — Non, lui répond Lubin,
Nous n'est pas le vrai mot; mais *toi*, c'est autre chose. »
Cela dit, il s'échappe à travers les taillis[8].
Immobile de peur, Thomas est bientôt pris :
    Il tire la bourse et la donne.
Qui ne songe[9] qu'à soi quand sa fortune est bonne,
    Dans le malheur n'a point d'amis.

FLORIAN.

1. *Une bourse de louis pleine.* Rétablissez la construction grammaticale. — Qu'est-ce qu'un *louis*?

2. Que veut dire *empocher*?

3. Expliquez le sens de cette expression : *bonne aubaine*. — Quelle est la locution familière employée pour réclamer le partage d'une trouvaille faite à deux?

4. A quelle expression précédente s'oppose le mot *froidement*?

5. Que signifie *ne souffle plus*?

6. *Au bois.* Expliquez *au.*
7. Que signifie *non sans cause?*
8. Qu'appelle-t-on *taillis?* D'où vient ce mot?
9. *Qui ne songe...* Quel est le mot sous-entendu devant le pronom *qui?*

Nous transcrivons ici les observations que ce récit a suggérées à l'auteur du *Fablier des écoles.*

1° Les voyageurs regardent comme étant à eux la bourse que le hasard leur a fait trouver : ils ont tort. Celui qui a trouvé un objet n'en est d'abord que le dépositaire, et ne peut le considérer comme sien qu'après avoir fait toutes les démarches possibles pour en découvrir le propriétaire. Retenir un objet perdu, lorsqu'on sait ou qu'on peut savoir à qui il appartient, c'est commettre un acte d'infidélité pareil au vol.

2° Nous ne prendrons pour modèles ni le compère Thomas ni son ami Lubin. L'un est avare et égoïste. C'est peu de partager avec ses amis une aubaine, un profit de hasard; nous devons partager avec un inconnu, s'il en a besoin, notre pain de chaque jour, gagné avec fatigue et avec souci. En agissant ainsi, nous n'agirons pas d'une manière intéressée, et pour être secourus à notre tour; mais cependant, par une juste conséquence de notre charité, nous trouverons des amis, si nous venons à tomber dans le malheur.

3° Lubin est lâche et vindicatif; on regrette qu'il soit impuni. D'ailleurs, en réclamant une part de la trouvaille, il montrait aussi peu de probité que son compagnon.

---

10. — **La chemise.**

Un souverain d'Orient, descendant du grand Haroun-al-Raschid [1], était riche et puissant comme son aïeul; mais il n'était pas heureux. Il alla consulter un vieux derviche [2]. Celui-ci lui répondit que le bonheur était chose rare en ce monde; mais cependant il connaissait un moyen de le trouver. « Quel est ce moyen? » demanda le prince. — « C'est, dit le derviche, de mettre sur ses épaules la chemise d'un homme heureux. » Là-dessus, le prince embrassa le vieillard et s'en alla à la recherche de son talisman [3].

Il visite toutes les capitales de la terre. Il essaie des chemises de courtisans, des chemises de rois, des chemises d'empereurs. Il n'en est pas plus heureux. Alors il endosse des chemises de marchands, des chemises de soldats, des chemises d'artistes. Peine inutile ! il courait après le bonheur, et le bonheur était insaisissable.

Désespéré, il reprenait un jour la route de ses États, lorsqu'il aperçut dans la campagne un pauvre laboureur, qui poussait sa charrue en riant et en chantant. « Ou je me trompe fort, dit-il, ou voilà celui que je cherche. » Il s'approche du villageois : « Bonhomme, dit-il, es-tu heureux ? — Oui, répond l'autre. — Tu ne te plains de rien, tu ne désires rien ? — Non. — Tu ne changerais pas ton sort contre celui d'un roi ? — Jamais. — Eh bien, vends-moi ta chemise. — Ma chemise ? je n'en ai pas. »

Blanchet.

1. *Haroun-al-Raschid*, c.-à-d. Haroun le Justicier, célèbre calife arabe, vivait au huitième siècle; il avait, dit-on, contracté une alliance avec Charlemagne.

2. *Derviche*, moine musulman, qui faisait vœu de pauvreté.

3. *Talisman*, pierre ornée de caractères mystérieux, à laquelle on attribue des vertus extraordinaires. — Par suite, on a donné le nom de talisman à tout objet ayant des propriétés extraordinaires.

Quel est le sens caché au fond de cet apologue ? C'est que le bonheur peut se rencontrer chez les hommes les plus pauvres et de la plus humble condition. L'auteur de ce récit a supposé que le laboureur n'avait pas de chemise; mais ce n'est qu'une fiction plaisante. En réalité, ce n'est pas en cela que consistait son bonheur; il était vraiment heureux, parce qu'il n'avait ni crainte ni désir, parce qu'il était content de son sort.

---

11. — L'agneau et la chèvre.

Un pauvre agneau, par un sort déplorable [1],
De sa mère en naissant se vit abandonné ;
   Mais une chèvre charitable
Recueillit, allaita le pauvre infortuné,
   Comme si d'elle il était né.
L'agneau reconnaissant, aux champs comme à l'étable,

La suivait avec soin. « Tu te méprends [2], Thibaut,
Lui dit un chien ; prends garde au poil, et considère [3] :
La chèvre que tu suis ne fut jamais ta mère.

— Je sais ce que je fais, répondit-il tout haut [4],
Et n'examine point comment ma mère est faite.
Ma véritable mère est celle qui m'allaite. »

DUCERCEAU.

1. *Déplorable*, digne d'être pleuré, malheureux.
2. *Tu te méprends*, tu prends un objet pour un autre, tu te trompes.
3. *Considère*, fais attention, examine avec soin, réfléchis.
4. *Tout haut*. Il répond à haute voix, parce qu'il veut être entendu de la chèvre, sa mère adoptive.

Ecoutez les réflexions qu'un maître a faites sur cette fable :
« Un agneau abandonné par sa mère ! ce n'est guère la coutume des brebis d'abandonner leurs nourrissons ; et nous devons avouer, hélas ! avec douleur, qu'en revanche il y a parmi nous des mères, des parents assez dénaturés pour délaisser leurs enfants. Heureusement la charité vient au secours de ces pauvres petites créatures. Le crime des uns excite la vertu des autres. Qui ne connaît saint Vincent de Paul, le zélé pro-

tecteur de l'enfance abandonnée? Qui n'a entendu parler de ces hospices où elle est *recueillie*, *allaitée*, élevée avec tant de soins et d'humanité? Eh bien, trouverez-vous déraisonnable un enfant qui s'attache, comme à ses véritables parents, aux personnes qui l'ont élevé dans ces maisons charitables? Vous l'approuverez au contraire; vous direz qu'il fait preuve par là d'un bon esprit autant que d'un bon cœur. »

---

12. — L'enfant trouvé.

Je suis un enfant trouvé. Mais jusqu'à huit ans j'ai cru que, comme tous les autres enfants, j'avais une mère; car, lorsque je pleurais, il y avait une femme qui me serrait si doucement dans ses bras en me berçant, que mes larmes s'arrêtaient de couler.

Jamais je ne me couchais sans qu'une femme vînt m'embrasser dans mon lit; et, quand le vent de décembre collait la neige contre les vitres blanches, elle me prenait les pieds entre ses deux mains, et me les réchauffait en me chantant une chanson, dont je retrouve encore dans ma mémoire l'air et quelques paroles. Quand je gardais notre vache le long des chemins et que j'étais surpris par une pluie d'orage, elle accourait au-devant de moi et me forçait à m'abriter sous son jupon de laine. Enfin, quand j'avais une querelle avec un de mes camarades, elle me faisait conter mes chagrins, et presque toujours elle trouvait de bonnes paroles pour me consoler ou me donner raison.

Par tout cela et par bien d'autres choses encore, par la façon dont elle me parlait, par la façon dont elle me regardait, par ses caresses, par la douceur qu'elle mettait dans ses gronderies, je croyais qu'elle était ma mère. Plus tard j'appris qu'elle n'était que ma nourrice.

H. Malot.

Les sentiments qu'un fabuliste vient d'attribuer à un jeune mouton, nous les trouvons exprimés par un enfant dans un langage simple et vrai, où perce une profonde reconnaissance. Rappelons à ce propos l'histoire du philosophe Dalembert.

Abandonné à sa naissance par sa mère, Mme de Tencin, il fut recueilli par la femme d'un vitrier. Lorsqu'il fut devenu célèbre, la grande dame le réclama : « Je n'ai qu'une mère, répondit-il ; c'est la femme qui m'a élevé et aimé comme son fils. »

---

13. — Le danseur de corde et le balancier.

Sur la corde tendue un jeune voltigeur[1]
Apprenait à danser ; et déjà son adresse,
    Ses tours de force, de souplesse,
    Faisaient venir maint spectateur[2].
Sur son étroit chemin on le voit qui s'avance,
Le balancier[3] en main, l'air libre[4], le corps droit,
    Hardi, léger autant qu'adroit :
Il s'élève, descend, va, vient, plus haut s'élance,
    Retombe, remonte en cadence[5].
Notre jeune danseur, tout fier de son talent,
Dit un jour : « A quoi bon ce balancier pesant
    Qui me fatigue et m'embarrasse ?
Si je dansais sans lui, j'aurais bien plus de grâce,
    De force et de légèreté. »
Aussitôt fait que dit : le balancier jeté[6],
Notre étourdi chancelle, étend les bras et tombe.
Il se cassa le nez, et tout le monde en rit.
Jeunes gens, jeunes gens, ne vous a-t-on pas dit
Que sans règle et sans frein tôt ou tard on succombe ?
La vertu, la raison, les lois, l'autorité,
Dans vos désirs fougueux vous causent quelque peine :
    C'est le balancier qui vous gêne,
    Mais qui fait votre sûreté.

FLORIAN.

1. *Voltigeur*, qui exécute des danses, des voltiges sur la corde tendue.

2. *Maint spectateur*, des spectateurs nombreux.

3. *Balancier*, long bâton que les danseurs de corde tiennent des deux mains pour se maintenir en équilibre.

4. *L'air libre*, avec un visage insouciant et des manières aisées.

5. *En cadence*, en mesure, suivant les accords de la musique.
6. *Le balancier jeté*, quand le balancier eut été jeté.

A l'école, mes enfants, qu'appellerons-nous le balancier ? C'est la discipline qui règle vos études et vos jeux ; c'est la parole du maître qui vous avertit et vous conseille, pour n'avoir pas à vous réprimander et à vous punir. Dans les récréations, s'il vous arrive quelque accident, une chute ou un mauvais coup ; pendant la classe, si vous commettez quelque faute grave, si vous vous acquittez mal d'un devoir ou d'une leçon ; aux heures de repos ou de travail, si vous manquez à quelqu'une de vos obligations envers vos camarades, c'est que vous avez négligé les conseils du maître, c'est que (pour parler comme la fable) vous avez laissé tomber ou rejeté votre balancier.

Voulez-vous voir la même vérité présentée sous une autre image ? Lisez cette fable :

« Délivre-moi, disait une rose trémière
    A sa petite jardinière,
    De cette perche auprès de moi
Qui me gêne et me nuit, qui m'étouffe et me blesse !
— Je te l'ai mise exprès pour garder la faiblesse.
    — Me garder ! vraiment, et de quoi ?
Je me tiens toute seule en parfait équilibre ;
    Je suis grande et veux être libre. »
    La jardinière enleva le tuteur.
Arrive un coup de vent, il emporte la fleur.

RATISBONNE.

14. — La manière de donner.

Un jour, je me trouvais à une fête de village, dans un château, aux environs de Paris. Après dîner, la compagnie alla se promener à la foire [1] et s'amusa à jeter aux petits paysans des pièces de monnaie, pour le plaisir de les voir se battre en les ramassant. Pour moi, suivant mon humeur solitaire [2], j'allai me promener tout seul de mon côté.

J'aperçus une petite fille qui vendait des pommes sur un éventaire [3] qu'elle portait devant elle. Elle avait beau vanter sa marchandise, elle ne trouvait plus de chalands [4]. « Combien toutes vos pommes ? lui dis-je. — Toutes mes pommes ? » reprit-elle. Et la voilà occupée à calculer en elle-même : « Six sous, monsieur, me dit-elle. — Je les prends pour ce prix, à condition que vous irez les distribuer à ces petits Savoyards⁵ que vous voyez là-bas. » Ce qu'elle fit aussitôt.

Ces enfants furent au comble de la joie de se voir régalés, ainsi que la petite fille de s'être défaite de sa marchandise. Tout le monde fut content, et personne ne fut humilié.

J.-J. Rousseau.

1. Une *foire* est une réunion de marchands qui s'assemblent dans un lieu et dans un temps désignés d'avance. Il n'y a guère de fête locale qui ne soit accompagnée d'une foire : de là l'expression de fêtes foraines.

2. *Suivant mon humeur solitaire,* conformément à mon goût pour la solitude.

3. *Éventaire,* plateau d'osier sur lequel on porte des fruits ou des légumes à vendre.

4. *Chalands,* acheteurs.

5. Les *Savoyards* ou habitants de la Savoie émigrent souvent

dans les contrées du nord, et ils emploient leurs enfants au ramonage des cheminées.

> Tel donne à pleines mains, qui n'oblige personne :
> La façon de donner vaut mieux que ce qu'on donne,

a dit un de nos grands poètes. De fait, Rousseau s'est montré plus charitable avec ses quelques sous que ses compagnons avec toutes leurs pièces de monnaie. Aussi, tandis que ceux-ci cherchaient dans leur prétendue libéralité un spectacle indigne et un plaisir inhumain, il éprouvait une douce et pure satisfaction en respectant la misère qu'il soulageait.

---

15. — Le petit poisson et le pêcheur.

Petit poisson deviendra grand,
Pourvu que Dieu lui prête vie ;
Mais le lâcher en attendant,
Je tiens[1] pour moi que c'est folie ;
Car de le rattraper il[2] n'est pas trop certain.
Un carpeau[3], qui n'était encore que fretin[4],
Fut pris par un pêcheur au bord d'une rivière.
« Tout fait nombre[5], dit l'homme en voyant son butin ;
Voilà commencement de chère[6] et de festin :
Mettons-le en notre gibecière[7]. »
Le pauvre carpillon lui dit en sa manière :
« Que ferez-vous de moi? Je ne saurais fournir
Au plus qu'une demi-bouchée.
Laissez-moi carpe devenir[8] :
Je serai par vous repêchée ;
Quelque gros partisan[9] m'achètera bien cher :
Au lieu qu'il vous en faut chercher
Peut-être encor[10] cent de ma taille
Pour faire un plat : quel plat! croyez-moi, rien qui vaille[11].
— Rien qui vaille! eh bien! soit, repartit le pêcheur :
Poisson, mon bel ami, qui faites le prêcheur,
Vous irez dans la poêle ; et, vous aurez beau dire,
Dès ce soir on vous fera frire. »

Un Tiens vaut, ce dit-on[12], mieux que deux Tu l'auras :
   L'un est sûr, l'autre ne l'est pas.

LA FONTAINE.

1. *Je tiens*, j'affirme, je soutiens.
2. *Il*, cela.
3. *Carpeau* ou *carpillon*, petit d'une carpe.
4. *Fretin*, menu poisson.
5. *Tout fait nombre*, tout se compte, toute unité a sa valeur pour faire un nombre.
6. *Chère*, réjouissance, régal.
7. *Le* s'élide dans la prononciation. Lisez : *Mettons-l'en notre gibecière*.
8. *Laissez-moi carpe devenir*, inversion pour *laissez moi devenir carpe*.
9. *Partisan*, financier.
10. *Encor*, pour *encore*, orthographe permise dans les vers.
11. *Rien qui vaille*, rien qui ait de la valeur, rien du tout.
12. *Ce dit-on*, dit-on cela, comme l'on dit.

Vous ne serez peut-être pas fâchés de connaître une autre fable sur le même sujet. La scène se passe dans le monde des oiseaux.

N'ayant rien autre sous la serre,
L'aigle fondit sur un moineau.
« Ah ! sire, dit le pauvre hère,
Je suis un bien petit morceau.
— C'est vrai, lui répondit le sire ;
Mais le sort ainsi l'ordonna :
Quand on n'a pas ce qu'on désire,
Il faut manger ce que l'on a.
J'aimerais bien mieux pour pâture
Un pigeon, un merle, un perdreau,
Et, quoique sa chair soit bien dure,
J'aimerais mieux même un corbeau.
Mais, si mince que soit la proie,
Il m'en faut une : la voilà.
Va donc où le destin t'envoie. »
Ainsi parlant, il l'avala.

Se contenter de peu et ne pas lâcher le certain pour l'incertain, voilà la conclusion morale de ces deux fables. Pour nous faire comprendre mieux encore cette vérité, La Fontaine nous raconte ailleurs l'histoire d'un héron cherchant sa pâture au bord d'une rivière. L'oiseau pêcheur ne voit d'abord que des tanches et des goujons ; il les dédaigne comme un mets indigne de lui ; ce qu'il lui faut, ce sont des poissons plus exquis, des brochets et des carpes. Mais ni carpes ni brochets ne se laissent prendre ; et l'oiseau affamé en est réduit à se contenter, pour tout potage, d'un simple limaçon.

Ne soyons pas si difficiles :
Les plus accommodants, ce sont les plus habiles ;
On hasarde de perdre en voulant tout gagner.
Gardez-vous de rien dédaigner.

16. — Les deux blessés.

Il y a quarante ans de cela, nous avons eu une querelle avec les Russes, et nous sommes allés chez eux en

Crimée[1]. Il y avait eu un combat : le soir, deux blessés se trouvèrent étendus côte à côte[2] sur le champ de bataille : on n'avait pas eu le temps de les relever. L'un était un Français, l'autre était un Russe. Ils souffraient cruellement ; ils essayèrent de se parler, et, s'ils ne se comprirent pas beaucoup, ils se témoignèrent du moins de l'amitié, ce qui adoucit leurs maux.

La nuit vint ; un des deux s'endormit. Le matin, quand il se réveilla, il vit sur lui un manteau qu'il ne connaissait pas. Il chercha son voisin ; celui-ci était mort, et, au moment de mourir, il avait ôté son manteau et l'avait étendu sur son compagnon de misère.

2.

Savez-vous quel est celui qui a fait cela? Je le vois dans vos yeux; vous avez envie que ce soit le Français. Eh bien, soyez contents : c'était le Français.

BERSOT.

1. La *Crimée* est une presqu'île de la Russie d'Europe, dans la mer Noire. — L'expédition des Français en Crimée eut lieu en 1854.

2. *Côte à côte*, tout à côté l'un de l'autre.

L'auteur de ce récit l'accompagne des conseils suivants, que tout jeune Français doit méditer :

« S'il t'arrive de te battre, mon enfant, tu te battras en conscience, parce que c'est ton devoir. Mais, une fois le combat fini, si ton ennemi est blessé, ne vois plus en lui qu'un frère malheureux. Vous n'avez pas la même patrie, mais vous en avez chacun une, et il a fait son devoir envers la sienne comme toi envers la tienne. Vous ne parlez pas la même langue, mais il a des sentiments pareils aux tiens. Il a un pays comme toi, une famille comme toi, et il les regrette. Aie pitié de lui, soigne-le, console-le. Tu mériteras peut-être que, si toi aussi tu tombes un jour blessé, il vienne un ennemi qui te soigne et te console. Cela, mon enfant, c'est l'humanité. »

---

17. — La taupe et les lapins.

Près d'un bois, le soir, à l'écart,
Dans une superbe prairie,
Des lapins s'amusaient, sur l'herbette fleurie,
A jouer au colin-maillard[1].
Une taupe assez étourdie,
Qui sous terre entendit ce bruit,
Sort aussitôt de son réduit,
Et se mêle dans la partie.
Vous jugez que, n'y voyant pas,
Elle fut prise au premier pas.
« Messieurs, dit un lapin, ce serait conscience[2],
Et la justice veut qu'à notre pauvre sœur
Nous fassions un peu de faveur :
Elle est sans yeux[3] et sans défense.

Ainsi je suis d'avis... — Non, répond avec feu
La taupe, je suis prise, et prise de bon jeu[4];
Mettez-moi le bandeau. — Très volontiers, ma chère,
Le voici : mais je crois qu'il n'est pas nécessaire
   Que nous serrions le nœud bien fort.
— Pardonnez-moi, monsieur, reprit-elle en colère;
Serrez bien, car j'y vois... Serrez, j'y vois encor. »

FLORIAN.

1. *Au colin-maillard.* L'origine de cette expression est inconnue. Il est possible que *Colin* soit un nom propre et que *maillard* soit un mot analogue à *maillot;* ce serait alors *Collin emmailloté.* On disait autrefois jouer au *colin-bridé.*

2. *Ce serait conscience,* nous aurions des remords de conscience, si nous la traitions comme un lapin. Les vers suivants expliquent cette expression.

3. *Sans yeux.* La taupe a des yeux si petits, qu'on l'a crue longtemps privée de cet organe. Il faut pour un instant admettre cette erreur pour comprendre la fin du récit.

4. *De bon jeu,* régulièrement, sans qu'on ait triché.

Quelle est la conclusion à tirer de cette fable? C'est que chacun connaît ses défauts, mais se garde de les avouer, dût-il, comme la taupe, en pâtir doublement.

Ajoutons cette autre réflexion d'un écrivain moraliste : « Les qualités qu'on possède le moins sont celles dont on se pique le plus. »

---

18. — Le grain de blé.

Dans l'entrepont[1] d'un navire récemment arrivé d'Europe, deux jeunes habitants des îles de la mer Pacifique[2] trouvèrent un grain de blé[3] : « Le blé, sans aucun doute, est une plante très utile, dit le plus âgé; mais que faire d'un seul grain? » Et il le rejeta d'un air dédaigneux. Son camarade, plus avisé[4], se hâta de le ramasser. Le soir même, il le planta et lui consacra ses soins les plus assidus. La première récolte aurait tenu dans un dé; de la seconde il avait pu remplir une coupe; et, dès la troisième, il put distribuer quelques grains à ses amis. Par la suite, il recueillit non seulement d'abondantes mois-

sons, mais il eut encore la gloire d'avoir introduit dans
son pays une culture qui fit sa fortune et celle de ses
compatriotes.   BOULANGER.

1. *Entrepont*, étage entre deux ponts dans un vaisseau.
2. *La mer Pacifique*, grande mer qui sépare l'Asie de l'Amérique.
3. Le *blé* est le nom ordinaire qu'on donne au froment.
4. *Avisé*, prudent, attentif.

Cette anecdote en rappelle une autre bien connue, mais toujours bonne à citer :

« Un jeune homme était allé offrir ses services à un riche
banquier qui ne les avait pas acceptés. Comme il sortait, il
aperçut à ses pieds une épingle. Bien d'autres à sa place ne se
seraient pas donné la peine de se baisser pour la ramasser.
Une épingle! Y pensez-vous? Mais notre jeune homme avait
l'esprit d'ordre et d'économie; il se baissa et ramassa l'épingle.
Grand bien lui en prit. Le banquier l'avait suivi du regard; il
avait vu ce qu'il avait fait; il en fut si frappé, qu'il le rappela
et lui donna sur-le-champ la place qu'il lui avait refusée quelques instants auparavant. Plus tard, le commis devint l'associé
de son patron ; à force d'ordre, de probité, de travail, il fit fortune à son tour.

» Ainsi les gros profits viennent des petites économies. Une
goutte de pluie n'est pas une rivière : mais les gouttes de pluie
ajoutées aux gouttes de pluie font de petits ruisseaux, et les
petits ruisseaux font de grandes rivières. »

---

19. — Le loup et la cigogne[1].

Les loups mangent gloutonnement.
Un loup donc, étant de frairie[2],
Se pressa, dit-on, tellement,
Qu'il en pensa perdre la vie :
Un os lui demeura bien avant[3] au gosier
De bonheur[4] pour ce loup, qui ne pouvait crier,
Près de là passe une cigogne.
Il lui fait signe : elle accourt.
Voilà l'opératrice[5] aussitôt en besogne.
Elle retira l'os ; puis, pour un si bon tour[6],

Elle demanda son salaire[7].
« Votre salaire ! dit le loup :
Vous riez, ma bonne commère[8] ?
Quoi ! ce n'est pas encor beaucoup

D'avoir de mon gosier retiré votre cou ?
    Allez, vous êtes une ingrate ;
    Ne tombez jamais sous ma patte. »
                            La Fontaine.

1. Le *loup* est un animal du genre chien : il est sauvage et carnassier. — La *cigogne* est un gros oiseau voyageur, remarquable par son long bec.
2. *Étant de frairie*, étant invité à un grand repas. Une *frairie* est une fête entre *frères* et amis.
3. *Bien avant*, bien profondément.
4. *De bonheur*, par bonheur, par un heureux hasard.
5. *L'opératrice*, celle qui fait une opération chirurgicale. La cigogne va faire avec son bec ce que le chirurgien ferait avec ses instruments.
6. *Pour un si bon tour*, en échange d'une action si adroite.
7. *Salaire*, paiement pour un service rendu.
8. La *commère* est celle qui tient un enfant sur les fonts baptismaux avec un *compère*. Ces deux mots s'emploient sou-

vent comme fermes d'amitié entre amis ou voisins. En appelant la cigogne *sa bonne commère*, le loup se moque d'elle et de sa bonté.

L'ingrat est celui qui oublie le service qu'il a reçu ou qui répond à un bienfait par un mauvais procédé. Or quel est celui des deux animaux qui a rendu service à l'autre? C'est la cigogne. Lequel est l'ingrat? C'est le loup. Et cependant c'est le loup qui reproche à la cigogne d'être une ingrate. Il joint ainsi la moquerie à l'ingratitude. Il fait plus : il menace sa bienfaitrice de la dévorer à la première occasion. C'est le comble de la perversité. Instruite par l'expérience, la cigogne se gardera bien à l'avenir d'obliger un pareil compère : elle évitera même de le rencontrer, de peur de tomber sous sa terrible patte. Et elle aura raison.

Faut-il conclure de cette fable que nous devons cesser de faire le bien, parce que nous aurons eu affaire à des ingrats? En aucune façon. A l'école et ailleurs, vous ne recevrez pas toujours le salaire des services que vous aurez rendus. N'en soyez pas moins obligeants et dévoués. Prenez exemple sur vos parents et sur vos maîtres. Vous ne vous montrez pas toujours reconnaissants de la bonté qu'ils vous témoignent. Est-ce qu'ils cessent pour cela de vous aimer et de vous en donner chaque jour de nouvelles preuves?

----

20. — La dot de la sœur.

Le principal talent de Zadig[1] était de démêler la vérité, que tous les hommes cherchent à obscurcir. Dès les premiers jours de son administration, il mit ce grand talent en usage[2].

Un fameux négociant de Babylone[3] était mort aux Indes; il avait fait héritiers ses deux fils, par portions égales, après avoir marié leur sœur: et il laissait un présent de trente mille pièces d'or à celui de ses deux fils qui serait jugé l'aimer davantage. L'aîné lui bâtit un tombeau, le second augmenta d'une partie de son héritage la dot de sa sœur. Chacun disait : « C'est l'aîné qui aime le mieux son père; le cadet aime mieux sa sœur : c'est à l'aîné qu'appartiennent les trente mille pièces. »

Zadig les fit venir tous deux, l'un après l'autre. Il dit à l'aîné : « Votre père n'est point mort; il est guéri de sa dernière maladie; il revient à Babylone. — Dieu soit loué! répondit le jeune homme; mais voilà un tombeau qui m'a coûté bien cher. » Zadig dit ensuite la même chose au cadet. « Dieu soit loué! répondit-il, je vais rendre à mon père tout ce que j'ai; mais je voudrais qu'il laissât à ma sœur ce que je lui ai donné. — Vous ne rendrez rien, dit Zadig, et vous aurez les trente mille pièces. C'est vous qui aimez le mieux votre père. »

VOLTAIRE.

1. *Zadig* est un personnage imaginaire. On suppose qu'un roi d'Orient, charmé de ses vertus et de son intelligence, l'avait élevé au rang de premier ministre.

2. Démêler la vérité au milieu des préventions et des erreurs qui l'obscurcissent, c'est en effet un *grand talent*, parce qu'il est rare chez ceux qui sont chargés de rendre la justice.

3. *Babylone*, ancienne et célèbre ville d'Asie, sur l'Euphrate.

Dieu soit loué! La nouvelle annoncée par Zadig est accueillie par les deux frères avec la même exclamation. Mais chez l'aîné, c'est une phrase banale, prononcée sans émotion comme sans sincérité. C'est dans les paroles qui suivent qu'il faut chercher le fond de sa pensée : il regrette l'argent qu'il a employé à la construction d'un tombeau. Ce tombeau, il l'a construit par calcul, espérant acquérir ainsi des droits à la récompense promise. Quand il a dépensé son argent, il ne pensait qu'à lui seul; quand il le regrette, c'est encore à lui seul qu'il pense. C'est un égoïste; or, un égoïste ne saurait aimer personne. Chez le cadet, au contraire, *Dieu soit loué!* est un cri du cœur : les paroles qu'il ajoute le prouvent bien. Il est heureux de rendre à son père tout ce qu'il possède; en même temps il exprime le vœu que sa sœur conserve la somme qui lui a été donnée comme supplément de dot. C'est un cœur généreux, aimant, ouvert aux affections de famille. En aidant cette sœur de ses libéralités, il a honoré vraiment la mémoire de son père, et il a prouvé ainsi qu'il l'aimait après sa mort comme il l'avait aimé de son vivant. Telles sont les réflexions qu'a faites Zadig. La foule s'était prononcée en faveur du fils aîné, parce qu'elle jugeait sur les apparences. Zadig donne la récompense au cadet, parce qu'il est allé au fond des choses : l'épreuve à laquelle il a soumis les deux jeunes gens lui montre clairement lequel est vraiment le bon fils.

21. — La lanterne magique [1].

I

Un homme qui montrait la lanterne magique
    Avait un singe dont les tours
    Attiraient chez lui grand concours.
Jacqueau (c'était son nom), sur la corde élastique,
    Dansait et voltigeait [2] au mieux,
    Puis faisait le saut périlleux [3] ;
Et puis sur un cordon, sans que rien le soutienne,
    Le corps droit, fixe, d'aplomb [4],
    Notre Jacqueau fait tout du long [5]
    L'exercice à la prussienne [6].
Un jour qu'au cabaret son maître était resté
    (C'était, je pense, un jour de fête),
      Notre singe en liberté
      Veut faire un coup de sa tête.
Il s'en va rassembler les divers animaux
    Qu'il peut rencontrer dans la ville.
    Chiens, chats, poulets, dindons, pourceaux,
    Arrivent bientôt à la file.
« Entrez, entrez, messieurs, criait notre Jacqueau ;
C'est ici, c'est ici qu'un spectacle nouveau
Vous charmera gratis. Oui, messieurs, à la porte
On ne prend point d'argent : je fais tout pour l'honneur [7]. »

II

    A ces mots, chaque spectateur
    Va se placer, et l'on apporte
La lanterne magique ; on ferme les volets,
    Et par un discours fait exprès
    Jacqueau prépare l'auditoire.
    Ce morceau, vraiment oratoire,
    Fit bâiller [8] ; mais on applaudit.
Content de son succès, notre singe saisit

Un verre peint qu'il met dans sa lanterne ;
    Il sait comment on le gouverne,
Et crie en le poussant : « Est-il rien de pareil !
    Messieurs, vous voyez le soleil,
    Ses rayons et toute sa gloire [9].
Voici présentement la lune, et puis l'histoire
    D'Adam, d'Ève et des animaux...
    Voyez, messieurs, comme ils sont beaux !
    Voyez la naissance du monde !
Voyez... » Les spectateurs, dans une nuit profonde,

Ecarquillaient [10] leurs yeux et ne pouvaient rien voir :
    L'appartement, le mur, tout était noir.
« Ma foi, disait un chat, de toutes les merveilles
    Dont il étourdit nos oreilles,
    Le fait est que je ne vois rien.
    — Ni moi non plus, disait un chien.
— Moi, disait un dindon, je vois bien quelque chose ;
    Mais je ne sais pour quelle cause
    Je ne distingue pas très bien. »
Pendant tous ces discours, le Cicéron moderne [11]

Parlait éloquemment et ne se lassait point.
Il n'avait oublié qu'un point :
C'était d'éclairer sa lanterne.

FLORIAN.

1. *Une lanterne magique* est une lanterne pourvue d'un tube, qui, au moyen de deux lentilles (verres taillés en forme de lentilles), reproduit en grand, sur une muraille blanche, les objets peints sur des verres plats. Ces verres peints s'introduisent dans le tube entre les lentilles et la lumière que renferme la lanterne.

2. *Voltigeait*, faisait des tours de souplesse.

3. *Le saut périlleux* consiste à faire un tour entier dans l'air et à retomber sur les pieds.

4. *D'aplomb*, verticalement et en équilibre.

5. *Tout du long*, du commencement jusqu'à la fin.

6. *L'exercice à la prussienne*, ensemble de mouvements et d'évolutions militaires introduits dans l'armée prussienne au siècle dernier.

7. *Pour l'honneur*, pour obtenir votre estime, non votre argent.

8. *Fit bâiller*. Jacqueau est un de ces beaux esprits dont on a parlé plus haut : ses discours sont admirables, mais inintelligibles, et par conséquent endormants.

9. *Toute sa gloire*, tout son éclat.

10. *Écarquillaient*, ouvraient péniblement.

11. *Le Cicéron moderne*. Cicéron est le plus célèbre des orateurs romains.

Par cette fable, le poète a voulu railler les écrivains qui enveloppent et obscurcissent leur pensée sous des phrases creuses et sonores. Mais sa raillerie atteint en même temps tous ceux qui parlent pour étourdir les oreilles et non pour satisfaire l'esprit de leurs auditeurs, ceux dont le langage est un pur galimatias. Quand on les a entendus et qu'on cherche à comprendre le sens de leurs paroles, on s'aperçoit que c'est précisément le sens qui manque à leurs paroles; comme Jacqueau, ils ont oublié d'éclairer leur lanterne.

------

22. — Le courage.

Un jour Paul, en courant, donna contre une pierre.
Il était maladroit; mais il fut courageux,

Et, sans pousser un cri, recommença ses jeux,
    Pour ne pas effrayer sa mère.
Il avait une bosse au front, mais il riait,
Disant : « Je n'ai pas mal » à sa sœur qui criait.
Son père dit : « Bravo! Cette bosse à ton âge
Ne t'enlaidira pas : c'est celle du courage. »

RATISBONNE.

Notre crâne présente certaines bosses ou protubérances, qui, suivant quelques savants, indiquent nos inclinations naturelles. C'est de là que viennent les locutions usuelles : *avoir la bosse de la musique, la bosse du mensonge,* etc., c'est-à-dire avec des dispositions pour la musique, être naturellement enclin au mensonge.

Paul est dur au mal : c'est une précieuse qualité. Son courage prend sa source dans un bon sentiment : il surmonte sa douleur pour ne pas effrayer sa sœur et sa mère. Son action lui fait donc doublement honneur. Pour le mieux apprécier, lisons le morceau suivant.

---

23. — Le douillet.

J'ai connu un grand garçon de douze ans toujours prêt à s'évanouir pour une égratignure ou à s'aliter pour un bobo. Un rhume, un mal de dents, une courbature, étaient pour lui des supplices intolérables : lui présenter une médecine, c'était lui présenter un arrêt de mort. A l'école, ses camarades l'avaient surnommé Gnan-gnant. Son père, à la fois désolé et confus, cherchait une occasion pour le guérir de cette ridicule infirmité.

Un jour notre douillet se fit une écorchure à la main en jouant à la balle. A la vue de son sang, il poussa, comme à l'ordinaire, des cris de détresse, réclamant à tue-tête un médecin, un chirurgien, un pharmacien, toute la Faculté. « Soit, lui dit son père; tu vas avoir tout cela : viens avec moi. » Et il le conduisit dans un hôpital d'enfants malades.

Là, il le promena de lit en lit, et lui fit voir ce que

c'était que des maux réels. On entendait bien çà et là
des cris et des gémissements; mais ils étaient arrachés
par la douleur, non par la peur. A l'un de ces pauvres
enfants on avait remboîté un os, à un autre on venait
d'amputer un bras; une toute petite fille se tordait dans
les convulsions d'une fièvre intense. Quels tristes spec-
tacles! Le père de famille n'eut pas besoin de renouveler
l'expérience : après une seule visite à l'hôpital, son grand
garçon comprit qu'il fallait garder ses plaintes et ses
larmes pour des souffrances véritables, et surtout réserver
sa pitié pour de plus malheureux que soi.

Rosier.

L'auteur de ce récit ajoute les réflexions suivantes, que
quelques-uns d'entre vous pourront méditer.

« S'il y a parmi vous des douillets comme Gnan-Gnaul, je
les plains de toute mon âme. J'aimerais mieux, cent fois mieux,
qu'ils fussent borgnes, ou boiteux, ou bossus, ou même tout
cela plutôt que douillets. Etre douillet, c'est souffrir les plus
petits maux comme s'ils étaient grands, ou plutôt c'est souffrir
des maux imaginaires. On est douillet, non point parce qu'on
a plus de mal, mais parce qu'on a plus peur du mal que les
autres. »

Et puis, aujourd'hui que tout citoyen est appelé à faire son
service militaire, quels soldats la France peut-elle attendre
des enfants douillets et pleurards! Parlez-nous du petit Paul;
à la bonne heure : voilà un brave troupier pour l'avenir.

---

24. — Le loup et le chien maigre.

Autrefois Carpillon fretin
Eut beau prêcher, il eut beau dire,
On le mit dans la poêle à frire.
Je fis voir que lâcher ce qu'on a dans la main,
Sous espoir de bonne aventure[1],
Est imprudence toute pure.
Le pêcheur eut raison; Carpillon n'eut pas tort :
Chacun dit ce qu'il peut pour défendre sa vie.
Maintenant il faut que j'appuie
Ce que j'avançai lors[2], de quelque trait encor.

Certain loup, aussi sot que le pêcheur fut sage,
   Trouvant un chien hors du village,
S'en allait l'emporter. Le chien représenta
Sa maigreur : « Jà[3] ne plaise à votre Seigneurie
   De me prendre en cet état ;
   Attendez : mon maître marie
   Sa fille unique, et vous jugez
Qu'étant de noce, il faut, malgré moi, que j'engraisse. »
   Le loup le croit, le loup le laisse.
   Le loup, quelques jours écoulés,
Revient voir si son chien[4] n'est pas meilleur à prendre ;
   Mais le drôle[5] était au logis.
   Il dit au loup par un treillis[6] :
« Ami, je vais sortir ; et, si tu veux attendre,
   Le portier du logis et moi,
   Nous serons tout à l'heure à toi. »
Ce portier du logis était un chien énorme,
   Expédiant les loups en forme[7].
Celui-ci s'en douta. Serviteur au portier,
Dit-il ; et de courir[8]. Il était fort agile ;
   Mais il n'était pas fort habile.
Ce loup ne savait pas encor bien son métier.

LA FONTAINE.

1. *Sous espoir de bonne aventure*, en espérant un grand profit.

2. *Lors*, alors.

3. *Jà*, certes. — *Jà* est un vieux mot qui a formé *déjà* (dès-ja).

4. *Son chien*. Il le regardait déjà comme sa propriété.

5. *Le drôle*, le malin.

6. *Treillis*, cloison faite de lattes.

7. *Expédiant les loups en forme*, les étranglant en règle, c'est-à-dire d'une manière qui ne laissait rien à désirer.

8. *De courir*, il se met à courir.

D'ordinaire, mes enfants, on vous fait apprendre par cœur et réciter mot à mot le morceau que vous avez lu et qui vous a été expliqué : cela est une leçon, un exercice de mémoire. Mais quelquefois aussi on vous demandera de rendre compte de votre lecture, soit de vive voix, soit par écrit. Dans ce cas, chercherez-vous à vous rappeler les expressions et les tours de phrase dont l'auteur s'est servi, à reproduire le texte le plus exactement possible? Nullement : ce serait là un travail sans grande utilité. Que devez-vous donc faire? Retenir les faits essentiels et les idées principales du morceau, observer l'ordre dans lequel l'auteur les a présentés, et les exprimer à votre manière, dans votre langage, en vous attachant à parler clairement et correctement; en un mot, ce qu'on vous demande, c'est une reproduction libre, une rédaction personnelle.

Ce travail, qui exige de vous un plus grand effort d'intelligence, a pour but de vous préparer aux exercices de composition et de style qui seront plus tard une partie de vos études.

Nous vous proposons comme modèle le morceau suivant.

« La fable du petit poisson et du pêcheur nous a appris qu'il est imprudent de lâcher le certain pour l'incertain. Le carpillon n'eut pas tort de prêcher pour sauver sa vie; mais le pêcheur eut raison de le mettre dans sa poêle. Nous allons voir un loup qui fut moins sage que le pêcheur.

» Ce loup rencontra un chien qui s'était égaré. Il allait l'étrangler, quand le chien lui dit : « Seigneur, voyez comme » je suis maigre : je n'ai que les os et la peau. Vous feriez, en » me mangeant, un triste dîner; attendez quelques jours; mon » maître marie sa fille unique : il y aura au logis de grands fes- » tins où je m'engraisserai, et vous pourrez alors me prendre. » Le loup le laissa aller; puis, la semaine suivante, il alla rôder près de la maison du chien, pour voir s'il était devenu un meilleur gibier. Le chien vint lui parler, mais à travers la grille : « Je vais sortir, dit-il au loup; le portier du logis et » moi, nous serons à toi dans un instant. » Le portier du logis était un énorme mâtin, qui se présenta en montrant ses crocs. Le loup regagna le taillis, jurant, mais un peu tard, qu'on ne l'y prendrait plus. »

---

25. — La fermière et la corneille.

Perrette, jeune fermière, montée sur sa mule et son panier à la main, s'en allait au marché, calculant le profit qu'elle tirerait de la vente de ses œufs. Cependant elle paraissait soucieuse, en se rappelant que la nuit précédente elle avait vu en songe un gros oiseau noir : ce qui était le présage de quelque événement funeste, du moins à ce que lui avait dit une commère du voisinage.

Pendant qu'elle était livrée à ces tristes préoccupations,

elle entend à sa gauche un cri lugubre : « Malheur à
moi! s'écrie-t-elle ; c'est une corneille, je suis perdue. »
Elle achevait à peine ces mots que sa monture fit un faux
pas : panier, œufs et fermière roulèrent sur le chemin.

Perrette s'emporte et se lamente : « Ah ! sinistre animal,

que la peste soit de toi et de ton cri sauvage ! On m'avait
bien dit qu'il me porterait malheur. — Calmez votre
colère, lui répondit l'instituteur du village, qui passait en
ce moment ; l'oiseau n'est pour rien dans votre mésaven-
ture. Il fallait mieux vous asseoir sur votre mule, et y
mieux assurer votre panier. Cent corneilles eussent en
vain fait retentir leurs cris que Perrette avec ses œufs
n'eût souffert aucun dommage. »

Sommer.

La corneille n'est pas la femelle du corbeau, comme le
croient certains enfants, pas plus que la grenouille n'est la
femelle du crapaud, ni la perruche la femelle du perroquet, ni

la souris la femelle du rat, ni la guenon la femelle du singe. Corneille, grenouille, perruche, souris, guenon, sont des espèces à part, composées de mâles et de femelles.

Attribuer aux songes une influence quelconque sur notre destinée, considérer comme une menace le croassement d'une corneille, n'est pas plus raisonnable que de croire aux fantômes, aux revenants, aux lutins, aux fées, aux loups-garous et à toutes ces inventions qui vous font sourire.

Il y a d'autres préjugés contre lesquels il faut vous prémunir. Ainsi, vous rencontrez des gens pour qui c'est mauvais signe de laisser brûler trois chandelles à la fois, de renverser la salière pendant le repas, d'être treize à table, etc., etc. « Cela porte malheur », disent-ils. S'il ne vous est pas permis de vous moquer d'eux à cause de leur âge, gardez-vous du moins de répéter leurs propos ridicules et d'attacher aux événements les plus simples une importance qu'ils ne peuvent avoir. Sans doute, il est fâcheux d'être treize à table, mais c'est quand il n'y a à manger que pour douze; de renverser une salière, mais c'est quand le sel tombe dans un plat déjà trop salé; d'allumer trois chandelles à la fois, mais c'est quand deux suffisent pour éclairer la chambre. Voilà ce que dit le bon sens, et il ne dit rien de plus.

---

26. — L'amitié.

Sur terre toute chose
A sa part de soleil;
Toute épine a sa rose,
Toute nuit son réveil.

Pour le pré Dieu fit l'herbe,
Pour le champ la moisson,
Pour l'air l'aigle superbe,
Pour le nid le buisson.

Tout arbre a sa verdure,
Toute abeille son miel,
Toute onde son murmure,
Toute tombe son ciel.

Dans ce monde où tout penche
Vers un centre meilleur,
La fleur est pour la branche,
L'amitié pour le cœur.

LONLAY.

Nos premiers, nos meilleurs amis, ce sont nos frères et nos sœurs. Mais, en dehors de la famille, l'habitude de vivre ensemble, de jouer, d'étudier côte à côte, lie les enfants les uns aux autres, et la camaraderie devient peu à peu de l'amitié.

A l'école, il est naturel que vous alliez d'abord vers ceux qui vous plaisent, vers ceux que les mêmes goûts rapprochent de vous. Vous trouverez peut-être parmi eux des amis auxquels vous resterez attachés pendant le reste de votre vie. Rien de plus doux et de plus sûr qu'une amitié d'enfance, contractée sur les bancs de l'école. Mais, si vous avez le droit de montrer des préférences, n'oubliez pas qu'elles ne vous dispensent pas de témoigner à tous vos camarades une égale bienveillance. Ne soyez durs pour aucun d'eux. S'ils ont besoin de vous, tendez-leur fraternellement la main. En effet, les écoliers d'une même classe sont comme les enfants d'une même famille; ils se doivent une mutuelle assistance.

C'est ainsi que vous récolterez plus tard ce que vous semez aujourd'hui, et que vos camarades d'école deviendront pour vous, dans la vie, des amis fidèles et dévoués.

---

27. — Tamerlan et la fourmi.

Tamerlan [1], le célèbre chef tartare, venait d'essuyer des revers sanglants. Brisé de fatigue, il se reposait sur la lisière d'un bois, songeant avec tristesse aux difficultés de l'avenir. En ce moment, le hasard lui offrit un spectacle qui captiva son attention. Dans un fossé qui lui faisait face, il aperçut une fourmi qui s'efforçait de gravir un des talus [2], les antennes [3] chargées d'un grain d'orge. Tant que la pente fut douce, sa marche fut assez rapide; mais, quand elle arriva au point le plus escarpé, la bestiole, à bout de forces et entraînée par sa charge, roula au fond du fossé.

Sans être découragée par sa chute, elle reprit aussitôt le même chemin; parvenue à l'endroit fatal, elle retomba encore dans l'abîme avec son fardeau. Une troisième ascension fut tentée, mais sans plus de succès que les deux autres. Tamerlan ne pouvait détacher ses yeux de cette scène. Ces efforts, cette persévérance, l'intéressaient au plus haut point, et il était curieux d'en connaître le dénouement[4]. Il compta, quatre, cinq, six, vingt, trente voyages ; la fourmi montait, roulait, et remontait toujours. Quatre-vingt-cinq fois elle grimpa à l'assaut, chargée de son grain d'orge, et quatre-vingt-cinq fois elle échoua dans sa tentative. Enfin, au quatre-vingt-sixième voyage, elle franchit le pas fatal, et arriva triomphalement au but qu'elle avait si courageusement poursuivi.

Tamerlan se sentit le cœur raffermi par ce spectacle. « Les sages ont raison, se dit-il, la patience aide merveilleusement le courage. Peut-être le ciel, en me rendant témoin de cette lutte obscure, a-t-il voulu me donner un avertissement salutaire. » Plein de confiance dans ce qu'il regardait comme un présage[5], il reprit les hostilités contre ses ennemis. Malheureux encore dans plusieurs rencontres, il lutta avec opiniâtreté contre la mauvaise fortune, et, de succès en succès, il finit par conquérir l'empire d'Asie[6].

A.

1. *Tamerlan* ou *Timour-Leng* vivait au quatorzième siècle.
2. *Talus*, surface inclinée d'un terrain.
3. Les *antennes* sont des appendices mobiles que les insectes portent à la partie antérieure de la tête.
4. *Dénouement*, fin, issue d'une histoire, d'une pièce de théâtre, d'un roman.
5. *Présage*, signe par lequel on juge de l'avenir.
6. Tamerlan ravagea la Perse et la Russie méridionale, et s'avança dans l'Inde. Il passe pour le fondateur de l'empire du Grand Mogol.

Laissons là Tamerlan, dont la vie n'a rien d'édifiant pour l'éducation de la jeunesse, et voyons quel profit on peut tirer de cette légende.

Il est bien vrai que les hommes peuvent recevoir des animaux plus d'une leçon utile. Témoin ce vieillard des fables de Florian, à qui l'on demandait comment il était devenu sage et vertueux : « Moi, répondit-il,

> Je vois les animaux, j'y trouve le modèle
> Des vertus que je dois chérir :
> La colombe m'apprit à devenir fidèle ;
> En voyant la fourmi, j'amassai pour jouir ;

Mes bœufs m'enseignent la constance,
Mes brebis la douceur, mes chiens la vigilance;
Et, si j'avais besoin d'avis
Pour aimer mes filles, mes fils,
La poule et ses poussins me serviraient d'exemple.
Ainsi dans l'univers tout ce que je contemple
M'avertit d'un devoir qu'il est doux de remplir. »

Ce que nous enseigne ici la fourmi de Tamerlan, c'est cette précieuse vertu qu'on appelle la persévérance. Tenir bon contre les obstacles, voilà le secret pour réussir. C'est une vérité qu'on vous répète sans cesse à l'école. La tâche que vous imposent vos maîtres peut être quelquefois difficile ; elle n'est jamais impossible. Sans avoir besoin de revenir à la charge quatre-vingt-cinq fois comme la petite fourmi, faites un double effort de patience et de volonté, et vous viendrez à bout des difficultés qui vous arrêtent dans le cours de vos études, même de celles qui, à la première vue, vous paraissent insurmontables. Ne l'oubliez pas, vouloir, c'est pouvoir. La Fontaine le dit :

Patience et longueur de temps
Font plus que force ni que rage.

---

28. — Fanfan et Colas.

I

Fanfan, gras et vermeil[1], et marchant sans lisière,
Voyait son troisième printemps[2].
D'un si beau nourrisson Perrette toute fière
S'en allait à Paris le rendre à ses parents.
Perrette avait, sur sa bourrique[3],
Dans deux paniers mis Colas et Fanfan[4].
De la riche Chloé celui-ci fils unique
Allait changer d'état, de nom, d'habillement,
Et peut-être de caractère.
Colas, lui, n'était que Colas,
Fils de Perrette et de son mari Pierre.
Il aimait tant Fanfan, qu'il ne le quittait pas :
Fanfan le chérissait de même.
Ils arrivent. Chloé prend son fils dans ses bras :
Son étonnement est extrême,

Tant il lui paraît fort, bien nourri, gros et gras.
Perrette de ses soins est largement payée.
        Voilà Perrette renvoyée ;
      Voilà Colas, que Fanfan voit partir ;
      Trio⁵ de pleurs. Fanfan se désespère ;
        Il aimait Colas comme un frère ;
Sans Perrette et sans lui que va-t-il devenir ?
Il fallut se quitter. On dit à la nourrice :
« Quand de votre hameau vous viendrez à Paris,
        N'oubliez pas d'amener votre fils ;
Entendez-vous, Perrette ? On lui rendra service. »
Perrette, le cœur gros, mais plein d'un doux espoir,
De son Colas déjà croit la fortune faite.
De Fanfan cependant Chloé fait la toilette :
Le voilà décrassé, beau, blanc, il fallait voir !
      Habit moiré⁶, toquet d'or, riche aigrette :
On dit que le fripon⁷, se voyant au miroir,
        Oublia Colas et Perrette.

II

« Je voudrais à Fanfan porter cette galette,
Dit la nourrice un jour ; Pierre, qu'en penses-tu ?
Voilà bientôt six mois que nous ne l'avons vu. »
        Pierre y consent : Colas est du voyage.
      Fanfan trouva (l'orgueil est de tout âge),
      Pour son ami⁸, Colas trop mal vêtu :
      Sans la galette, il l'aurait méconnu.
Perrette accompagna ce gâteau d'un fromage,
De fruits et de raisins. Le don fut bien reçu ;
Ce fut tout ; et, tandis qu'elle n'est occupée
        Qu'à faire éclater son amour,
        Le marmot⁹, lui, bat du tambour,
Traîne son chariot, fait danser sa poupée.
Quand il a bien joué, Colas dit : « C'est mon tour. »
      Mais Fanfan n'était plus son frère,
        Fanfan le trouva téméraire ;
Fanfan le repoussa d'un air fier et mutin¹⁰.

Perrette alors prend Colas par la main :
« Viens, lui dit-elle avec tristesse ;

Voilà Fanfan devenu grand seigneur.
     Viens, mon fils, tu n'as plus son cœur. »
L'amitié disparaît où l'égalité cesse.

AUBERT.

1. *Vermeil*, qui a les joues d'un rouge vif.
2. *Son troisième printemps*, sa troisième année.
3. *Bourrique*, ânesse.
4. *Colas* est une abréviation de *Nicolas. Fanfan* est la prononciation enfantine du mot *enfant*.
5. *Trio*, terme de musique, morceau pour trois voix ou pour trois instruments, est plaisamment employé ici pour exprimer cette triple explosion de pleurs.
6. Une étoffe est *moirée* quand le calandre lui a donné un certain apprêt qui la rend ondée et chatoyante.
7. *Fripon* signifie ici inconstant, volage.
8. *Pour son ami*, pour être son ami.
9. *Marmot* est l'ancien nom du singe. Ce mot, appliqué aux enfants, exprime le plus souvent une idée de raillerie et de dédain.
10. *Mutin*, irrité, qui se révolte.

Racontez à votre tour l'histoire de *Fanfan et Colas* sans vous astreindre aux expressions du texte. En terminant, demandez-vous si la réflexion de Perrette est bien juste, si l'amitié disparaît toujours quand cesse l'égalité des situations

---

29. — Deux frères.

J'avais cinq ans, lorsque Dieu, songeant aux besoins futurs de ma vie et de mon âme, me donna un frère. La plus ancienne joie dont je me souviens fut de voir ce beau petit frère endormi dans son berceau. Dès qu'il put marcher, je devins son protecteur; dès qu'il put parler, il me consola, car l'affliction et la douleur n'épargnèrent pas mes jeunes ans.

Nous allions ensemble à l'école, nous revenions ensemble au logis; le matin je portais le panier, parce que nos provisions le rendaient plus lourd; c'était lui qui le portait le soir.

Toujours nous faisions cause commune. Je ne le laissais point insulter; et lui, quand j'avais quelque affaire, sans considérer ni la taille ni le nombre de mes ennemis, il m'apportait résolûment le secours de ses petits poings.

Si j'étais au pain sec, il savait bien me garder la moitié de ses noix et la moitié de sa moitié de pomme. Une fois il vint en pleurant; et pourtant, il apportait un morceau de sucre, un grappillon de raisin et quelque reste de rôti. Festin de roi ! Je m'informai de ce qui le faisait pleurer : « Ah ! me dit-il, la soupe était si bonne, mon frère ! »

Telle était notre mutuelle affection, que les préférences dont son caractère et sa gentillesse étaient l'objet ne le rendaient pas orgueilleux, ni moi jaloux.

L. VEUILLOT.

Comment le frère aîné accueillit-il la naissance de son jeune frère?

Quelle était la conduite des deux frères allant à l'école?

Comment se conduisaient-ils en cas de querelle?

Que faisait le plus jeune quand l'aîné avait subi quelque punition?

Quels sentiments éprouvaient-ils l'un pour l'autre?

Et maintenant retenez ces jolis vers, qui devraient être la devise des frères et des sœurs :

> Dites-vous, observant la fraternelle loi :
> « Je vis en toi, ma sœur, comme tu vis en moi.
> Imitons, sous le toit où nous vivons ensemble,
> Ces arbres que la main du jardinier rassemble,
> Et qui, s'offrant l'un l'autre un généreux secours,
> Se protègent entre eux et s'élèvent toujours. »

---

30. — Le corbeau et le renard.

Maître[1] corbeau, sur un arbre perché,
  Tenait dans son bec un fromage.
Maître renard, par l'odeur alléché[2],
  Lui tint à peu près ce langage :

  « Hé ! bonjour, monsieur du corbeau[3] !
Que vous êtes joli ! que vous me semblez beau !
  Sans mentir, si votre ramage[4]
  Se rapporte[5] à votre plumage,

Vous êtes le phénix des hôtes de ces bois[6]. »
A ces mots, le corbeau ne se sent pas de joie[7];
    Et, pour montrer sa belle voix,
Il ouvre un large bec, laisse tomber sa proie.
Le renard s'en saisit, et dit : « Mon bon monsieur,
    Apprenez que tout flatteur
Vit aux dépens de celui qui l'écoute :
Cette leçon vaut bien un fromage, sans doute. »
    Le corbeau, honteux et confus[8],
Jura, mais un peu tard, qu'on ne l'y prendrait plus.

LA FONTAINE.

1. *Maître* est un titre d'honneur employé autrefois pour désigner les personnes d'un certain rang. On le réserve aujourd'hui pour les notaires, les avocats et les avoués.

2. *Alléché*, attiré.

3. *Monsieur du corbeau. De, du, des* est une particule qui marque la noblesse. Le renard traite le corbeau en gentilhomme.

4. *Ramage*, chant des oiseaux dans les *rameaux* ou branches.

5. *Se rapporte*, est semblable, est égal.

6. *Le phénix*, oiseau fabuleux, d'une beauté remarquable, était unique dans son genre. A en croire le renard, le corbeau est le plus beau des oiseaux qui habitent ces bois.

7. *Ne se sent pas de joie*, éprouve une joie telle qu'il en perd le sens.

8. *Honteux et confus.* C'est aussi ce qui est arrivé à un jeune écolier de notre connaissance. Voyez dans le cours élémentaire, *La galette.*

Un autre morceau du présent recueil, *La herse*, vous aidera mieux encore à comprendre la moralité de la fable. Vous y verrez reparaître le corbeau et le renard sous la forme humaine et sur un autre théâtre.

---

31. — Le rouge-gorge[1].

I

Quand, par les premières brumes[2] d'octobre, un peu avant l'hiver, le pauvre prolétaire[3] vient chercher dans la forêt sa chétive provision de bois mort, un petit oiseau s'approche de lui, attiré par le bruit de sa cognée ; il circule à ses côtés et lui fait fête en lui chantant tout bas ses plus douces chansonnettes. C'est le rouge-gorge, qu'une fée[4] charitable a député[5] vers le travailleur solitaire pour lui dire qu'il y a encore quelqu'un dans la nature qui s'intéresse à lui.

Quand le bûcheron a rapproché l'un de l'autre les tisons de la veille engourdis[6] dans la cendre, quand le copeau et la branche sèche pétillent dans la flamme, le rouge-gorge accourt en chantant pour prendre sa part du feu et des joies du bûcheron.

Ouvrez, de grâce ; donnez-lui quelques miettes et un peu de grain. S'il voit des visages amis, il entrera dans la chambre.

Michelet.

1. Le rouge-gorge est un joli petit oiseau. Son plumage est gris-brun en dessus, blanc en dessous, avec la poitrine et la gorge d'un rouge ardent : de là son nom.
2. Qu'appelle-t-on la *brume*?
3. *Prolétaire*, ouvrier qui vit de son travail.
4. Y a-t-il des *fées*? Comment faut-il entendre ce mot?
5. Que signifie *a député*?
6. *Engourdis*, à moitié morts, presque éteints.

Ouvrez, de grâce, donnez-lui quelques miettes... C'est ce qui arriva un jour d'hiver, dans la famille d'un pauvre bûcheron. Un rouge-gorge, transi de froid, vint frapper du bec à la fenêtre de la cabane. La famille l'accueillit avec bonheur ; et pendant tout un mois il resta près d'elle, payant par ses joyeuses chansons l'hospitalité qu'on lui accordait. Quand vint le beau temps, il manifesta par son agitation et ses battements d'ailes son désir de reconquérir la liberté. Malgré les prières de ses enfants, le bûcheron ouvrit la fenêtre et lui donna la clef des champs. Qu'arriva-t-il ensuite?

II

Or un soir (on voyait par la croisée ouverte
Un ciel bleu sans nuage et la forêt bien verte),

3.

Dans la pauvre maison la famille dînait,
Quand tout à coup s'élève un chant que l'on connaît !
« C'est lui, je le vois ! — Où ? — Sur la huche, regarde.—
Ils sont deux, dit la femme ; ils sont deux, Dieu me garde[1] !
— N'est-ce pas naturel ? répliqua le mari ;
Nous l'avons cet hiver logé, fêté, nourri ;
Il vient nous réjouir de sa plus belle gamme[2],
Et, comme il a son nid, il amène sa femme. »
Le père avait raison de s'expliquer ainsi ;
L'oiseau chanta longtemps pour leur dire merci.
Le chant fini, tous deux volèrent sur la table.
Nul des enfants alors ne trouva regrettable
D'avoir lâché l'oiseau qui partit vers le bois ;
Car c'était si joli d'en voir deux à la fois !

J. AICARD.

1. *Dieu me garde !* j'en prends Dieu à témoin.
2. *De sa plus belle gamme,* de sa plus belle chanson. La
gamme est la suite des sept notes de musique.

Répondez à ces questions : Qu'est-ce qu'un rouge-gorge? —
Quelles sont ses mœurs? — A quel moment et pour quelle
raison ce rouge-gorge est-il venu dans la cabane du bûcheron? — Comment y a-t-il été reçu? — Pourquoi en est-il
parti? — Pourquoi y est-il revenu? — Concluez par quelques
réflexions.

---

32. — **La prunelline**[1].

I

Filleul exact et diligent,
Le jeune Fanche à la vieille Fanchette
Avait apporté pour sa fête
Bouquet, baisers et compliment.
Or, en marraine bien apprise[2],
Fanchette voulut à son tour
Le régaler d'une surprise
Qui lui rappelât ce beau jour.

Elle prend donc en grand mystère
Dans son armoire un vieux flacon,
Puis jusqu'au bord elle en remplit un verre,
  Disant : « Bois-moi ça, mon garçon.
  C'est une exquise prunelline,
  Boisson tout à fait superfine,
  Divin nectar, pur hypocras[3],
  Que tous les ans je fais moi-même
  Et ne donne qu'à ceux que j'aime.
  Goûte, fillot, et tu verras. »

II

Docilement Fanche y trempe ses lèvres,
En hume une gorgée, et s'arrête soudain...

  Horreur ! ce breuvage divin
  Etait un affreux chicotin[4],
  Bon à faire danser les chèvres.
  La bonne dame, soit hasard,
Soit avarice, ou soit toute autre cause,

N'avait oublié qu'une chose,
C'était de sucrer son nectar.
Cependant Fanche, assez mal à son aise,
Sans souffler mot, s'agitait sur sa chaise.
« Ouais ! dit Fanchette, est-ce que tu fais fi
De ma liqueur ? — Oh ! que nenni !
Répond l'enfant. Bien au contraire. »
Et, ce disant, le petit écolier,
Avec l'aplomb d'un vieux troupier,
En un seul trait vide son verre.

A.

1. La *prunelline* est une liqueur faite avec du jus de prunelles ou prunes sauvages.

2. *Bien apprise*, qui connaissait ses devoirs.

3. On appelait *nectar* le breuvage habituel des dieux de la Fable, et *hypocras*, ou liqueur d'Hippocrate, une infusion de cannelle douce et parfumée. Ces deux mots désignent ordinairement une boisson délicieuse.

4. Le *chicotin* est le suc de la coloquinte. Ce mot s'applique à tout breuvage âpre et amer.

Sans doute le jeune Fanche a montré un certain courage en absorbant sans sourciller cette exécrable prunelline. Mais ce que nous devons surtout louer en lui, c'est la pensée qui lui a inspiré ce courage. En manifestant son dégoût, il aurait mortifié et peut-être attristé la bonne femme, qui croyait sincèrement lui offrir un vrai régal : c'est ce qu'il n'a pas voulu faire. Il a été à la fois poli et bon. Le plus souvent, ces deux qualités sont inséparables ; un poète l'a dit :

La politesse est au visage
Ce que la grâce est à l'esprit :
De la bonté du cœur elle est la douce image,
Et c'est la bonté qu'on chérit.

En effet, comment ne pas chérir un enfant qui, pour être agréable aux autres, sait s'imposer une privation ou surmonter une répugnance ? Comment ne pas voir là un témoignage de respect, d'affection et de bonté ? En retournant chez lui, Fanche a éprouvé sans doute un certain malaise d'estomac ; mais sa marraine a été heureuse, et pour lui c'était l'essentiel.

33. — **Dévouement.**

Une terrible inondation de la Garonne[1] venait d'engloutir un des faubourgs de la ville de Toulouse[2]. Les habitants s'étaient réfugiés sur les toits de leurs maisons, attendant avec anxiété que des embarcations vinssent à leur secours. Beaucoup d'entre eux furent sauvés, grâce aux mariniers[3] qui, en cette douloureuse circonstance, rivalisèrent d'habileté et de courage.

Vers la fin du jour, deux débardeurs[4], conduisant une barque, ramenaient une famille qu'ils venaient de recueillir au milieu des décombres[5]. Au moment de toucher à la rive, ils entendirent des cris de détresse et distinguèrent dans les ténèbres une pauvre femme abandonnée sur la pile[6] d'un pont presque entièrement écroulé. Leur premier mouvement fut d'aller vers elle. « Nous ne la laisserons pas périr, dit l'un d'eux. — Mais la barque ne peut contenir une personne de plus, s'écriait la famille désespérée ; vous ne la sauverez pas, et vous nous perdrez tous. — Laissez-moi faire, répondit le brave ouvrier, et rassurez-vous. »

Quelques instants après, il abordait au pilier et disposait sa barque pour recevoir la malheureuse femme. « Je lui cède ma place, » dit-il tranquillement ; et en même temps il se jeta à l'eau.

STEEG.

1. *La Garonne*, rivière de France, qui prend sa source dans les Pyrénées espagnoles, et se réunit à la Dordogne pour former la Gironde.

2. *Toulouse*, chef-lieu du département de la Haute-Garonne, une des plus anciennes villes de France.

3. On appelle *mariniers* ceux qui naviguent sur les fleuves, et *marins* ceux qui naviguent sur mer.

4. Un *débardeur* est un ouvrier qui décharge le bois apporté par les bateaux.

5. *Décombres*, ruines d'un édifice.

6. *Pile* ou *pilier*, massif de maçonnerie qui soutient le tablier d'un pont.

La charité consiste à s'oublier soi-même pour ne songer qu'aux autres. Mais, quand elle pousse un homme à exposer, à sacrifier sa vie pour sauver celle de ses semblables, alors elle prend un autre nom, et s'appelle dévouement. Le dévouement, voilà ce que nous admirons chez cet ouvrier, voilà ce que nous sommes prêts à admirer chez tous ceux qui affrontent la mort pour le salut des autres. Et ceux-là, vous les rencontrerez partout, dans toutes les classes de la société, bourgeois, ouvriers, prêtres, soldats; parmi ces victimes du devoir, vous trouverez aussi des femmes, et même des enfants. Dernièrement, nous lisions l'histoire d'un écolier de douze ans qui s'était précipité dans un lac profond pour arracher à la mort un de ses camarades. Vos maîtres vous diront que ce n'est pas là un fait isolé dans les annales de nos écoles : ils pourront vous citer plus d'un trait semblable. En même temps, ils vous apprendront que ceux-là seuls sont capables d'un tel sacrifice, qui, de bonne heure et dans les moindres circonstances, se sont habitués à faire abnégation de leurs goûts et de leurs intérêts pour être utiles ou agréables aux autres. La camaraderie est l'apprentissage de la fraternité, et la fraternité engendre le dévouement.

---

34. — Les cri-cris [1].

Un pauvre enfant entra chez une boulangère :
« Madame, donnez-moi des cri-cris, voulez-vous ? »
Des cri-cris [1] ? La demande étonna la commère :
« Des cri-cris ? Il en choit [2] dans le pain, malgré nous ;
Mais les cri-cris à part ne se demandent guère :
Personne n'est encor venu m'en acheter.
Je ne puis, mon petit, t'en donner ni prêter.
— Ah ! soupira l'enfant abattu, c'est dommage.
— Et qu'en voulais-tu donc faire ? dit en riant
La brave boulangère au petit mendiant.
— C'est que, fit l'innocent avec un doux visage,
On dit que les petits cri-cris portent bonheur [3].
Alors j'avais pensé — vous êtes généreuse —
Que vous m'en donneriez peut-être, de bon cœur,
Pour ma mère qui pleure et qui n'est pas heureuse. »
La bonne Fornarine [4], émue et souriant :

« Je n'ai pas de cri-cris, cher petit; mais pourtant
    Porte ce pain blanc à la mère.

Si dure que soit sa misère,
Dieu la bénit dans son enfant[5]. »

RATISBONNE.

1. Qu'est-ce qu'un *cri-cri*? Quel est son véritable nom?
2. Que signifie *choit*? Quelles sont les formes usitées du verbe *choir*?
3. *Les cri-cris portent bonheur.* Que faut-il penser de cette croyance populaire?
4. *Fornarine*, de l'italien *fornarina*, boulangère.
5. *Dieu la bénit dans son enfant.* Quel est le sens de ces paroles?

Racontez cette fable en prose, et appréciez la conduite et le langage des deux personnages.
Ne connaissez-vous pas d'autres croyances populaires en désaccord avec l'expérience et la raison?

35. — **Un ami véritable.**

Phanor et Blanchette, l'un chien et l'autre chatte, étaient les meilleurs amis du monde. Ils jouaient ensemble sans se mordre ni s'égratigner, mangeaient à la même écuelle, couchaient sur le même tapis, et c'était un plaisir de les voir endormis côte à côte, la chatte appuyant son museau rose sur la grosse patte de son compagnon.

Un jour Blanchette eut des petits. Le maître de la maison les lui enleva pendant son sommeil et les fit noyer tous dans la rivière. Phanor avait assisté à cette barbare exécution. Quand la mère se réveilla, elle éprouva un profond désespoir ; toute la journée elle erra de chambre en chambre, faisant retentir la maison de ses miaulements lamentables, insensible à toutes les caresses, refusant toute nourriture. Quant à Phanor, il la suivait tristement, sans même essayer de consoler une douleur qu'il jugeait inconsolable.

Le lendemain, comme il faisait sa promenade habituelle, il aperçut sur la place du village un petit chat qu'une troupe de polissons prenait plaisir à tourmenter. Le pauvre animal, ahuri, affolé, à bout de forces, vint se réfugier entre les pattes de Phanor. Celui-ci fut ému de pitié ; et en même temps il eut un éclair de génie. Il saisit par la peau du cou le malheureux souffre-douleur et s'éloigna bravement, sans se soucier des clameurs et des pierres qui l'accueillaient sur son passage. Rentré à la maison, il déposa devant Blanchette son précieux fardeau, avec un regard qui semblait dire : « Sois heureuse ; je te rapporte un nourrisson. »

La vieille domestique, témoin de cette scène, ne put s'empêcher de dire : « Il y a des hommes qui ne valent pas les quatre fers d'un chien [1] ; mais voilà un chien qui est un bien brave homme ! »

D'après J. AICARD.

1. *Ne pas valoir les quatre fers d'un chien*, c'est n'avoir aucune valeur ; en effet, les chiens ne sont pas ferrés.

En voyant deux personnes qui vivent en mauvaise intelligence, on a coutume de dire *qu'elles vivent comme chien et chat.* C'est qu'en effet, il y a entre le chien et le chat une certaine antipathie instinctive. Mais il arrive souvent que l'éducation corrige la nature, et que l'antipathie cesse quand ces deux animaux ont été élevés sous le même toit et qu'ils ont une vie commune. Ils en viennent même à s'aimer au point de ne pouvoir se passer l'un de l'autre. D'ordinaire, c'est le chien qui fait les frais de cette amitié. Il n'aurait pas fallu demander à Blanchette le dévouement dont Phanor lui a donné une preuve si touchante; mais elle a dû en éprouver une vive reconnaissance, et c'est tout ce qu'on peut attendre d'une race naturellement égoïste. La vieille domestique, dans son naïf et brusque langage, a bien apprécié la conduite des enfants qui s'étaient faits les bourreaux d'un animal inoffensif, et celle du chien qui s'était fait son sauveur. On peut dire qu'un chien est un brave homme, quand il donne à de futurs hommes une leçon d'humanité. Voyez les remarques que nous avons faites sur une lecture précédente : *Tamerlan et la fourmi.*

---

36. — **Le berger et la mer.**

Du rapport [1] d'un troupeau, dont il vivait sans soins [2],
Se contenta longtemps un voisin d'Amphitrite [3].
    Si sa fortune était petite,
    Elle était sûre tout au moins.
A la fin, les trésors déchargés sur la plage
Le tentèrent si bien, qu'il vendit son troupeau,
Trafiqua de l'argent [4], le mit entier sur l'eau [5].
    Cet argent périt [6] par naufrage.
Son maître fut réduit à garder les brebis,
Non plus berger en chef comme il était jadis,
Quand ses propres moutons paissaient sur le rivage.
Celui qui s'était vu Corydon ou Tircis
    Fut Pierrot, et rien davantage [7].
Au bout de quelque temps il fit quelques profits,
    Racheta des bêtes à laine [8] ;
Et, comme un jour les vents, retenant leur haleine [9],
Laissaient paisiblement aborder [10] les vaisseaux :
« Vous voulez de l'argent, ô mesdames les eaux ?

Dit-il : adressez-vous, je vous prie, à quelque autre :
> Ma foi ! vous n'aurez pas le nôtre. »

Ceci n'est pas un conte à plaisir inventé.

> Je me sers de la vérité
>
> Pour montrer, par expérience,
>
> Qu'un sou, quand il est assuré,
>
> Vaut mieux que cinq en espérance,

Qu'il faut se contenter de sa condition,

Qu'aux conseils de la mer et de l'ambition

> Nous devons fermer les oreilles.

Pour un qui s'en louera, dix mille s'en plaindront.

> La mer promet monts et merveilles [11] :

Fiez-vous-y [12] ; les vents et les voleurs viendront.

La Fontaine

1. Qu'appelle-t-on le *rapport* d'une propriété?

2. *Soins* a-t-il ici sa signification habituelle?

3. *Un voisin d'Amphitrite*, c'est-à-dire habitant les bords de la mer. Dans la mythologie grecque, Amphitrite était la femme de Neptune, dieu des mers.

4. Que signifie *trafiqua de l'argent*?

5. *Le mit entier sur l'eau.* Expliquez cette expression.

6. Que signifie *périr* avec un sujet de chose?

7. *Corydon, Tircis*, noms donnés par les poètes anciens à des *bergers en chef*, possesseurs de leurs troupeaux. — *Pierrot*, diminutif de *Pierre*, nom donné familièrement à des paysans de condition modeste, à des valets de ferme.

8. *Bêtes à laine* remplace moutons. Comment appelez-vous cette façon de parler?

9. Dit-on habituellement *l'haleine* des vents? A quoi les vents sont-ils comparés ici?

10. D'où vient le verbe *aborder*? — Citez plusieurs mots de la même famille.

11. *Promettre monts et merveilles*, c'est faire espérer des choses extraordinaires. On dit aussi : *promettre monts et vaux, promettre des monts d'or.*

12. *Fiez-vous-y.* Comment entendez-vous cet impératif?

Que trouvez-vous à blâmer, que trouvez-vous à louer dans la conduite du berger? Connaissez-vous d'autres fables qui offrent la même leçon?

———

37. — Une aumône bien placée.

Un petit mendiant, de fort mauvaise mine[1] et tout couvert de haillons[2], rôdait devant la boutique d'un pâtissier. Il jetait un regard de convoitise sur les friandises étalées au dehors. Profitant du moment où l'étalage était abandonné, il allongeait déjà une main furtive vers un petit pâté chaud dont le fumet aiguillonnait[3] encore son appétit. Mais un jeune ouvrier, qui depuis quelque temps épiait tous ses mouvements, lui arrêta aussitôt le bras et frappa violemment sur le comptoir avec une pièce de monnaie : « Combien ce pâté? dit-il. — Quinze sous, répondit la marchande, accourue au bruit. — Eh bien, en

voici quarante, payez-vous. » Là-dessus[4], prenant le pâté, il le mit entre les mains du petit mendiant avec la monnaie, en disant : « Tiens, voilà pour satisfaire ta gourmandise et surtout pour te préserver d'une mauvaise action; achète du pain avec le reste. » Puis il s'éloigna, heureux sans doute d'avoir utilement employé son aumône. LOUBENS.

1. *Mine*, physionomie, extérieur. *Avoir bonne mine, mauvaise mine*, se dit tantôt de l'apparence d'une bonne, d'une mauvaise santé, tantôt de l'apparence d'un bon, d'un mauvais caractère. Ici, la mauvaise mine du petit mendiant annonçait une assez mauvaise nature.

2. *Haillons*, vêtements déchirés.

3. *Aiguillonnait*, excitait.

4. *Là dessus*, en disant ces mots.

Oui, l'aumône du jeune ouvrier a été bien employée, puisqu'il a donné au petit mendiant de quoi acheter du pain, et qu'il l'a préservé d'une mauvaise action. En quoi consistait cette mauvaise action? A s'approprier le bien d'autrui. Prendre ce qui est aux autres, c'est commettre ce qu'on appelle un vol, et rien ne peut justifier un vol. A l'école, si un de vos camarades possède un objet que vous ne possédez pas, regardez-le sans convoitise, et ne cédez jamais à la tentation de le lui prendre. Il en est de même partout ailleurs. Cueillir un fruit à l'arbre d'un cultivateur est tout aussi grave que d'enlever un gâteau à l'étalage d'un pâtissier. Quelle que soit la nature de la chose que vous convoitez, elle doit être sacrée pour vous, du moment qu'elle est la propriété d'un autre. Qu'il s'agisse d'une pièce de monnaie, d'un livre, d'un jouet même, c'est toujours un fruit défendu sur lequel vous ne devez pas porter la main. Toute votre vie, vous aurez sous les yeux des objets qui ne vous appartiendront pas : habituez-vous à les respecter; et alors vous mériterez le nom d'honnêtes gens, de gens probes.

Puisque nous avons prononcé ces vilains mots de vol et de voleur, laissez-moi ajouter ceci. On ne vole pas seulement quand on prend de l'argent dans la poche ou dans la maison d'un autre, ou quand on s'approprie une chose qui lui appartient; on vole de bien d'autres manières : en ne payant pas ses dettes, en gardant pour soi ce qu'on a trouvé, en trichant au jeu, en falsifiant la marchandise ou en la vendant à faux poids, etc. Dans tous ces cas, il y a vol, parce qu'il y a véritablement atteinte à la propriété d'autrui.

---

38. — Les épis du pauvre.

Moissonneurs, sans plaindre[1] vos peines,
Cueillez le blé mûr dans les plaines,
Le blé, notre bien le plus cher.
Ce grain d'or[2] sous sa pâle écorce,
C'est le germe[3] de notre force,
C'est notre sang et notre chair.

Pour le pauvre, en liant la gerbe,
Laissez quelques épis dans l'herbe ;
Qu'il glane un peu de ce bon grain.
Puissions-nous, dans un champ prospère,
Voir tous les fils du même père
Unis autour du même pain !

LAPRADE.

1. *Sans plaindre*, sans regretter. *Plaindre une chose*, c'est la donner avec répugnance. Ce sens de *plaindre* a vieilli.

2. *Grain d'or*. Le blé est désigné ainsi à cause de sa couleur jaune et parce qu'il est *notre bien le plus cher*.

3. *Le germe*, le principe, la cause.

Dans la première strophe, le poète nous exhorte au travail. L'homme doit gagner le pain qu'il mange.

Dans la seconde, il nous rappelle au devoir de la charité. Quand la moisson est faite, voyez ces groupes de femmes et d'enfants pauvres se répandre çà et là dans la plaine, afin de ramasser les épis laissés par le moissonneur. Les pauvres glaneurs n'ont encore qu'une bien faible part de ce pain destiné à *tous les fils du même père* ; mais ils s'en contentent, parce qu'ils savent qu'une parfaite égalité des biens ne saurait exister ici-bas.

————

39. — **L'avare et son valet.**

HARPAGON. — Pourrais-je savoir de vous, maître Jacques, ce que l'on dit de moi ?

MAITRE JACQUES. — Oui, monsieur, si j'étais assuré que cela ne vous fâchât point.

HARPAGON. — Non, en aucune façon.

MAITRE JACQUES. — Pardonnez-moi. Je sais fort bien que vous vous mettrez en colère.

HARPAGON. — Point du tout. Au contraire, c'est me faire plaisir ; et je suis bien aise d'apprendre comme[1] on parle de moi.

MAITRE JACQUES. — Monsieur, puisque vous le voulez, je vous dirai franchement qu'on se moque partout de vous, qu'on nous jette de tous côtés cent brocards[2] à votre sujet, et que l'on n'est point plus ravi que de faire sans cesse des contes de votre lésine[3]. L'un dit que vous faites imprimer des almanachs particuliers, où vous faites doubler les quatre-temps et les vigiles[4], afin de profiter des jeûnes où vous obligez votre monde; l'autre, que vous avez toujours une querelle toute prête à faire à vos valets dans le temps des étrennes ou de leur sortie d'avec vous, pour vous trouver une raison de ne leur donner rien. Celui-là conte qu'une fois vous fîtes assigner le chat d'un de vos voisins pour vous avoir mangé un reste d'un gigot de mouton; celui-ci, que l'on vous surprit une nuit en venant dérober vous-même l'avoine de vos chevaux, et que votre cocher, qui était celui d'avant moi, vous donna, dans l'obscurité, je ne sais combien de coups de bâton dont vous ne voulûtes rien dire. Enfin, voulez-vous que je vous dise? on ne saurait aller nulle part où l'on ne vous entende accommoder de toutes pièces[5]. Vous êtes la fable[6] et la risée de tout le monde; et jamais on ne parle de vous que sous les noms d'avare, de ladre, de vilain et de fesse-mathieu[7].

HARPAGON (*battant maître Jacques*). — Vous êtes un sot, un maraud[8], un coquin et un impudent.

MAÎTRE JACQUES. — Eh bien, ne l'avais-je pas deviné? Vous ne m'avez pas voulu croire. Je vous avais bien dit que je vous fâcherais de vous dire la vérité.

HARPAGON. — Apprenez à parler.

MOLIÈRE.

1. *Comme*, comment.
2. *Brocard*, trait de raillerie piquante.
3. *Lésine*, avarice sordide.
4. *Les quatre-temps* sont les trois jours où l'Église ordonne de jeûner à chacune des quatre saisons de l'année. Les *vigiles* sont les veilles de grandes fêtes, où le jeûne est également prescrit.
5. *Accommoder de toutes pièces*, ajuster, habiller des pieds à la tête : ici, accabler d'injures.
6. *La fable*, le sujet de mauvais propos.
7. *Ladre, vilain*. Ces deux mots désignent l'avarice en y ajoutant une idée particulière. *Ladre*, qui primitivement a signifié *lépreux*, marque l'insensibilité de l'avare; *vilain*, dont

le sens premier est *roturier*, indique la bassesse de ses sentiments. Quant à *fesse-mathieu*, c'est un sobriquet dont on ne
connaît pas bien l'origine. On croit que saint Mathieu, avant
sa conversion, faisait métier d'usurier; pour lui tirer de l'argent, on le battait, on le *fessait*.

8. *Maraud* est une injure fréquemment adressée aux valets
de comédie, qui sont représentés comme des personnages sans
scrupules et sans moralité. Ce mot a formé *maraude*, *marau-
der*, etc.

Maître Jacques est à la fois cocher et cuisinier chez Harpagon. Son nom a servi depuis Molière à désigner un domestique
qui réunit plusieurs emplois dans une maison : ce qu'on appelle
encore un *factotum*. Dans la scène qu'on vient de lire, il est
victime de sa sincérité; mais il ne faut pas trop le plaindre.
Avant de parler, il savait très bien que sa franchise lui coû-
terait cher; cependant, il a voulu se donner le plaisir de faire
entendre à l'avare les plus dures vérités. Quant à Harpagon,
il s'est montré maladroitement curieux, et son châtiment est
d'essuyer les mauvais compliments de son valet.

---

40. — Le singe et le chat.

Bertrand avec Raton, l'un singe et l'autre chat,
Commensaux [1] d'un logis, avaient un commun maître.
D'animaux malfaisants c'était un très bon plat [2] ;
Ils n'y craignaient tous deux aucun [3], quel qu'il pût être.
Trouvait-on quelque chose au logis de gâté [4],
L'on ne s'en prenait point aux gens du voisinage.
Bertrand dérobait tout ; Raton, de son côté,
Etait moins attentif aux souris qu'au fromage [5].
Un jour, au coin du feu, nos deux maîtres fripons [6]
   Regardaient rôtir des marrons.
Les escroquer [7] était une très bonne affaire ;
Nos galants [8] y voyaient double profit à faire :
Leur bien premièrement, et puis le mal d'autrui.
Bertrand dit à Raton : « Frère, il faut aujourd'hui
   Que tu fasses un coup de maître [9] :
Tire-moi [10] ces marrons. Si Dieu m'avait fait naître [11]
   Propre à tirer marrons du feu,

Certes, marrons verraient beau jeu[12]. »
Aussitôt fait que dit. Raton avec sa patte[13],
    D'une manière délicate,
Écarte un peu la cendre, et retire les doigts,
    Puis les reporte à plusieurs fois,

Tire un marron, puis deux, et puis trois en escroque[14],
    Et cependant[15] Bertrand les croque.
Une servante vient : adieu mes gens[16]. Raton
    N'était pas content, ce dit-on[17].

La Fontaine.

1. *Commensaux* se dit ordinairement de ceux qui vivent à la même table.

2. *Un très bon plat.* Expression ironique et plaisante qui est restée dans la langue familière. *Voilà un bon plat* se dit de la réunion de deux ou plusieurs personnes qui ne valent pas grand'chose.

3. *Ils n'y craignaient aucun*, ils ne craignaient personne à cela, à mal faire; ils étaient sans rivaux sur ce point.

4. *Quelque chose de gâté.* quelque dégât.

5. *Bertrand dérobait..* Ces deux vers expriment la pensée

des gens de la maison. On ne manquait pas de dire : *Bertrand dérobe... Raton est moins attentif...*

6. *Maîtres fripons*, qui auraient pu donner des leçons de friponnerie.

7. *Escroquer*, soustraire par adresse ou fourberie.

8. *Nos galants*, nos drôles.

9. *Un coup de maître*, une action digne d'un maître, d'un homme habile.

10. *Tire-moi* signifie *crois-moi, tire*, et non pas *tire pour moi*. Si Raton l'avait compris dans ce dernier sens, il se serait bien gardé d'obéir.

11. *Si Dieu m'avait fait naître...* Ceci est une flatterie à l'adresse du chat, qui s'y laisse prendre.

12. *Verraient beau jeu*, passeraient un mauvais moment, seraient en danger.

13. *Raton avec sa patte...* Tout ce passage peint à merveille le geste rapide et saccadé du chat qui veut prendre quelque chose dans le feu et qui craint de se brûler.

14. *Et puis trois en escroque.* Le verbe est placé après son complément. Cette inversion était en usage dans l'ancienne langue.

15. *Cependant*, pendant ce temps-là.

16. *Adieu mes gens*, mes gens disparaissent.

17. *Ce dit-on* (on dit ce, cela), à ce qu'on dit. Locution vieillie.

On comprendra maintenant le sens de cette expression proverbiale : *tirer les marrons du feu*, et l'on songera à cet autre dicton : *bien volé ne profite pas*.

Bertrand est l'image de ceux qui engagent les autres dans les dangers d'une entreprise et s'en réservent tous les profits. Raton représente ceux qui sont dupes d'un associé, sinon plus pervers, du moins plus habile. Les Bertrands et les Ratons ne sont pas rares dans le monde; qu'on y regarde de près, on en trouvera même à l'école.

La Fontaine a très bien choisi les personnages de sa fable. Le chat est gourmand et fripon comme le singe; mais, en fait de ruses et d'expédients, ce dernier n'a pas de maître, si ce n'est peut-être le renard. Lisez la fable de La Fontaine, *Le renard et le bouc*.

---

41. — Le géant[1].

Un soir d'hiver de cette année, je me rendais à Meudon en traversant les bois. Tout à coup je crus entendre un cri, et je vis fuir devant moi un géant d'au moins sept pieds. Sans être peureux, j'eus comme une envie de revenir sur mes pas. Mais ce géant paraissait de mœurs débonnaires ; je le suivis de loin en gardant mes distances [2].

A un certain endroit, un double chemin se présenta. Le géant ayant pris le raccourci, je pris la grand'route. Au bout d'un quart d'heure, il s'arrêta comme pour m'observer. Mon immobilité le rassura sans doute. Alors il se remit en marche. Je le voyais filer à travers les arbres, et je l'entendais se parler à lui-même : de temps en temps un bruit de grelots m'arrivait.

J'eus une inspiration héroïque [3] : « Si je pouvais arriver avant lui ! » me dis-je. Aussitôt fait que dit. Je presse le pas ; mais le géant presse le pas. Je trotte ; le géant trotte. Je cours ; le géant court. Nous arrivons ainsi aux premières maisons du village : on allumait en ce moment le premier bec de gaz. Le géant s'arrête ; je me rapproche. Alors le géant se baisse, et, phénomène étrange, se subdivise en deux portions d'inégale grandeur. « Ah ! monsieur, quelle frayeur vous nous avez faite ! » dit une voix grave. — « Nous vous avons pris pour un voleur, » reprend aussitôt une voix enfantine.

Mon géant était simplement un bon vieux à barbe blanche, qui traversait le bois en compagnie de son petit-fils pour aller à Meudon, chez des amis, fêter le carnaval [4] et manger des crêpes. L'enfant, en costume de galant postillon, avait des grelots sur toutes les coutures, et, ne voulant pas salir ses belles bottes, il s'était fait porter à califourchon par son grand-père.

C'est ainsi qu'avec un peu d'imagination les aventures nous arrivent ; c'est ainsi qu'on rencontre des géants, la nuit, dans les bois sombres, même aux environs de Paris !

P. ARÈNE.

---

1. Qu'appelle-t-on un *géant*? Y a-t-il, à proprement parler, des géants ailleurs que dans la Fable?

2. Expliquez cette expression : *en gardant mes distances.*

3. Comment faut-il entendre le mot *héroïque*?
4. Qu'est-ce que le *carnaval*?

Quelles réflexions avez-vous à faire sur ce récit?

---

42. — **Le colimaçon** [1].

Sans amis comme sans famille,
Ici-bas vivre en étranger [2],
Se retirer dans sa coquille
Au signal du moindre danger;
S'aimer d'une amitié sans bornes [3];
De soi seul emplir sa maison ;
En sortir suivant la saison,
Pour faire à son prochain les cornes [4];
Enfin chez soi, comme en prison,
Vieillir de jour en jour plus triste,
C'est l'histoire de l'égoïste
Et celle du colimaçon.

ARNAULT.

1. Le *colimaçon* ou escargot est un mollusque habitant une coquille.

2. *En étranger*, comme si l'on n'avait rien de commun avec les autres créatures.

3. *Sans bornes*, excessive, exagérée.

4. *Faire les cornes à quelqu'un*, c'est faire avec les doigts un geste de raillerie ou de dédain. Ici, ce qu'on appelle les cornes du colimaçon, ce sont les quatre tentacules mobiles dont sa tête est pourvue. Les deux tentacules supérieures portent des yeux à leur extrémité.

Pour peindre l'égoïste, on a eu recours à une autre comparaison tout aussi juste :

Un ver dans un fruit,
Qui sans fin, sans bruit,
Tout seul dans sa nuit,
Ronge, ronge, ronge,
Et jamais ne songe,
Ne songe qu'à lui ;
Qui tout seul demeure
Jusqu'à ce qu'il meure

D'excès ou d'ennui :
Voilà l'égoïste.
Que son sort est triste !

« Chacun pour soi, chacun chez soi, » voilà la devise de l'égoïste. L'égoïste pense toujours à lui, jamais aux autres; il n'aime personne, si ce n'est lui, et il se figure volontiers que, dans le monde, tout est fait pour lui seul. Peut-être avez-vous déjà rencontré des égoïstes, des camarades qui ne sont jamais contents de ce qu'on leur donne, et qui, en revanche, ne donnent jamais rien aux autres.

Il arrive que l'égoïste est quelquefois malfaisant : pour trouver ce qu'il appelle son bonheur, il faut qu'il fasse le malheur d'autrui. C'est par égoïsme que ce père de famille dépense son argent au cabaret, sans souci de sa femme et de ses enfants; c'est par égoïsme que ce mauvais riche repousse les indigents qui l'implorent. A l'école, c'est par égoïsme que ce méchant garçon ou cette méchante petite fille mortifie ses camarades s'ils sont pauvres, et les rudoie s'ils sont faibles.

Enfin l'égoïste ne remplit pas sa destinée sur la terre :

Heureux ou malheureux, l'homme a besoin d'autrui :
Il ne vit qu'à moitié, s'il ne vit que pour lui.

---

43. — Le vacher et le garde-chasse.

Colin gardait un jour les vaches de son père ;
Il n'avait avec lui ni berger ni bergère,
Et s'ennuyait tout seul. Le garde[1] sort du bois :
« Depuis l'aube[2], dit-il, je cours dans cette plaine
Après un vieux chevreuil[3] que j'ai manqué deux fois,
    Et qui m'a mis tout hors d'haleine[4].
    — Il vient de passer par là-bas,
Lui répondit Colin ; mais, si vous êtes las,
Reposez-vous, gardez mes vaches à ma place,
    Et j'irai faire votre chasse ;
Je réponds du chevreuil[4]. — Ma foi, je le veux bien ;
Tiens, voilà mon fusil ; prends avec toi mon chien,
    Va le tuer. » Colin s'apprête,
S'arme, appelle Sultan. Sultan, quoique à regret,
    Court avec lui vers la forêt.
Le chien bat les buissons ; il va, vient, sent, arrête,

Et voilà le chevreuil... Colin, impatient,
    Tire aussitôt, manque la bête,
    Et blesse le pauvre Sultan.
    A la suite du chien qui crie,
    Colin revient à la prairie.
    Il trouve le garde ronflant;
De vaches, point; elles étaient volées.
Le malheureux Colin, s'arrachant les cheveux,
Parcourt en gémissant les monts et les vallées[5];
Il ne voit rien. Le soir, sans vaches, tout honteux,
    Colin retourne chez son père,
    Et lui conte en tremblant l'affaire.

Celui-ci, saisissant un bâton de cormier,
Corrige son cher fils[6] de ses folles idées,
    Puis lui dit : « Chacun son métier[7],
    Les vaches seront bien gardées. »

FLORIAN.

1. Quel est ici le sens du mot *garde*?
2. Qu'appelle-t-on l'*aube*?

3. Qu'est ce qu'un *chevreuil?*
4. Expliquez les expressions : *hors d'haleine, je réponds.*
5. Qu'est-ce qu'un *mont? — une vallée?*
6. *Son cher fils.* Comment faut-il entendre le mot *cher?*
7. *Chacun son métier.* Complétez la phrase.

Reproduisez librement cette fable, en vous aidant des conseils qui vous ont été donnés plus haut : *Le loup et le chien maigre.*

---

44. — Examen de conscience.

Vous avez travaillé tous, chacun de son mieux;
    Vous avez fait votre journée,
Et vous avez joué tous, vaillants et joyeux,
    Après la tâche terminée.
Mais êtes-vous bien sûrs tous, durant vos leçons,
    Vos jeux, vos ébats côte à côte,
D'avoir toujours été doux, sages, bons garçons,
    De n'avoir pas fait une faute ?

LAPRADE.

Se demander à la fin de chaque journée si l'on a exactement rempli ses devoirs, c'est ce qu'on appelle faire *son examen de conscience.*

Un des plus illustres citoyens de l'Amérique, Benjamin Franklin, ne manquait jamais de s'interroger chaque soir sur ce qu'il avait fait de bien et sur ce qu'il avait fait de mal pendant le jour; le lendemain, il s'appliquait à se corriger d'un de ses vices, à s'affermir dans une de ses vertus; et c'est ainsi que sa conduite devint exemplaire.

Rien ne vous empêche d'adopter cette règle, afin de travailler à votre perfectionnement. Vous avez accompli de votre mieux votre tâche d'écoliers, c'est bien; vous avez joué de tout votre cœur après la classe, rien de plus légitime. Mais ce n'est pas tout : il vous reste à vous demander si, pendant vos travaux et vos jeux, vous avez bien rempli vos obligations envers vous-mêmes et envers les autres, si vous avez été propres et sobres, modestes et sincères, dociles et affectueux à l'égard de vos parents et de vos maîtres, complaisants pour vos camarades, en un mot, si vous avez été *bons garçons.* La perfection n'est pas de votre âge, et il est bien certain qu'après vous être examinés, vous aurez à vous reprocher mainte faute plus ou moins grave. Mais celui qui reconnaît ses fautes, qui les avoue aux autres ou se les avoue à lui-même, est par cela seul disposé à s'amender; et c'est ainsi que se fait l'apprentissage de la vertu.

45. — Henri IV et Sully.

Les courtisans étaient jaloux de la confiance que Henri IV témoignait à Sully [1], son ministre. Un jour, le roi invita plusieurs d'entre eux à l'accompagner jusqu'à l'Arsenal [2], qui était la résidence de Sully.

Là, il entre sans se faire annoncer, et frappe à la porte du cabinet. Sully était assis devant une table chargée

d'une masse de papiers. « Depuis quand êtes-vous au travail ? » dit le roi. — « Depuis trois heures du matin, » répondit le ministre. Alors Henri IV, se tournant vers ses courtisans et s'adressant à l'un d'eux : « Combien d'argent voudriez-vous pour mener une pareille vie ? » lui demanda-t-il. — « Sire, répliqua celui-ci, je ne voudrais pas la mener pour tous vos trésors. »

SAINTE-BEUVE.

1. Maximilien de Béthune, duc de *Sully*, né en 1560, mort en 1641, après avoir été le compagnon d'armes de Henri IV, devint son fidèle ministre.

2. Un *arsenal* est un bâtiment où sont déposées les armes et les munitions de guerre. Sully résidait à l'Arsenal de Paris, parce qu'il était grand maître de l'artillerie.

Parmi les hommes qui vivent à la cour d'un roi, il en est beaucoup qui ne songent qu'à leur repos et à leur plaisir; il en est quelques-uns qui consacrent leurs journées et une partie de leurs nuits au service de leur pays. Sully fut un de ceux-là. Il ne fut pas seulement un travailleur infatigable, mais il montra pour son maître un dévouement à toute épreuve. Il ne craignait pas de lui déplaire en lui disant brusquement la vérité, quand l'intérêt public l'exigeait; et c'est surtout grâce aux conseils de ce ministre honnête homme que Henri IV ramena l'ordre et la prospérité dans notre pays, désolé et appauvri par des guerres longues et sanglantes.

---

46. — Le linot.

I

Une linotte[1] avait un fils
Qu'elle adorait, selon l'usage[2] :
C'était l'unique fruit du plus doux mariage,
Et le plus beau linot qui fût dans le pays.
Sa mère en était folle, et tous les témoignages
Que peuvent inventer la tendresse et l'amour
Etaient pour cet enfant épuisés chaque jour.
Notre jeune linot, fier de ses avantages,
Se croyait un phénix[3], prenait l'air suffisant[4],
    Tranchait du petit important[5]
    Avec les oiseaux de son âge,
Persiflait la mésange ou bien le roitelet,
    Donnait à chacun son paquet[6],
Et se faisait haïr de tout le voisinage.
Sa mère lui disait : « Mon cher fils, sois plus sage,
Plus modeste surtout. Hélas! je conçois bien
Les dons, les qualités qui furent ton partage;

Mais feignons de n'en savoir rien,
Pour qu'on les aime davantage. »

II

A tout cela notre linot
Répondait par quelque bon mot[7];
La mère en gémissait dans le fond de son âme.
Un vieux merle, ami de la dame,
Lui dit : « Laissez aller votre fils au grand bois;
Je vous réponds qu'avant un mois
Il sera sans défauts. » Vous jugez des alarmes
De la mère, qui pleure et frémit du danger.
Mais le jeune linot brûlait de voyager :
Il partit donc malgré ses larmes.
A peine est-il dans la forêt,
Que notre petit personnage
Du pivert[8] entend le ramage
Et se moque de son fausset[9].
Le pivert, qui prit mal cette plaisanterie,
Vient à bons coups de bec plumer le persifleur;
Et, deux jours après, une pie
Le dégoûte à jamais du métier de railleur.
Il lui restait encor la vanité secrète
De se croire excellent chanteur;
Le rossignol et la fauvette
Le guérirent de son erreur.
Bref, il retourna chez sa mère
Doux, poli, modeste et charmant.
Ainsi l'adversité fit, dans un seul moment[10],
Ce que tant de leçons n'avaient jamais pu faire.

FLORIAN.

1. La *linotte* (ainsi nommée parce qu'elle est friande des graines de *lin*) a beaucoup de ressemblance avec le chardonneret et le pinson. Elle a la tête fort petite : son étourderie est devenue proverbiale. — Le *linot* est le mâle de la linotte.

2. *Selon l'usage.* Trait de satire à l'adresse des mères trop indulgentes.

4.

3. *Phénix*, oiseau fabuleux qui passait pour le seul de son espèce et renaissait de ses cendres : de là, oiseau rare, merveilleux.

4. *Suffisant*, satisfait de soi-même, vain.

5. *Tranchait du petit important*, prenait le ton tranchant, décisif, du petit important.

6. *Donner à quelqu'un son paquet*, c'est lui faire un mauvais compliment, lui adresser une raillerie ou une injure qui le réduit au silence.

7. *Bon mot*, repartie vive ou moqueuse. La mère, comme les autres, avait *son paquet*.

8. Le *pivert* (pic vert) est une des espèces du genre *pic*. Ces oiseaux, qui appartiennent à la famille des grimpeurs, vivent d'insectes qu'ils trouvent dans l'écorce des arbres. Le *ramage*, ou plutôt le cri du pivert, est loin d'être mélodieux.

9. *Fausset* se dit de la voix de tête, opposée à la voix de poitrine, et, en général, des notes aiguës. Ici, le mot désigne le *ramage* criard du pivert.

10. *Dans un seul moment* n'est pas l'expression juste. L'auteur vient de nous dire qu'il fallut une succession d'épreuves pour corriger le linot de ses habitudes de raillerie et de suffisance.

« Cette fable ne s'adresse pas moins aux parents qu'aux enfants; car, si le linot manqua de sagesse, et s'il en fut durement puni, la mère fut plus coupable encore de l'avoir si mal élevé. Elle avait fait, il est vrai, beaucoup de leçons à son fils, mais en paroles seulement, et sans y mettre la fermeté nécessaire, sans employer, comme la nature le permet et l'ordonne, l'autorité et, au besoin, la contrainte. »

A ces sages réflexions d'un maître estimé, nous ajouterons une observation. L'éducation de famille, si parfaite qu'elle soit, est insuffisante pour former le caractère des enfants : il leur faut, en outre, l'éducation en commun, l'éducation du collège ou de l'école. Il est certains défauts qui ne se corrigent que dans ce petit monde de frères et d'égaux. Les épreuves plus ou moins rudes par lesquelles passe l'écolier égoïste et orgueilleux le préparent à mieux supporter les disgrâces qui l'attendent un jour, et souvent même elles le préservent des coups de l'adversité. C'est à l'école qu'il fait vraiment l'apprentissage de la vie, qu'il s'habitue à être sociable, c'est-à-dire tolérant et dévoué.

47. — **Ringois.**

En 1360, un traité désastreux[1] livrait au roi d'Angleterre plusieurs villes dans le nord de la France, entre

autres Abbeville[2]. Quand la patriotique cité se vit occupée par une garnison anglaise, elle murmura. Des conciliabules se formèrent; on commença à maudire ces soldats étrangers qui allaient désormais infliger à Abbeville l'affront de leur présence. Puis une émeute éclata; mais elle fut bientôt réprimée par les Anglais, qui disposaient de forces considérables.

Alors les arrestations commencent. Parmi les plus

compromis se trouvait un bourgeois nommé Ringois. On l'accusait, non sans raison, d'avoir donné le signal du soulèvement. En conséquence, il fut conduit devant le commandant anglais. Celui-ci, pensant que la clémence vaudrait mieux que la sévérité pour apaiser cette population émue, se contenta d'exiger de Ringois un serment de fidélité au roi d'Angleterre. Ringois refuse. Le commandant le fait transporter à Douvres[3], et le menace de mort s'il s'obstine à refuser le serment exigé. Ringois refuse de nouveau. Alors on le fait monter sur la plate-forme de la forteresse ; là, on le traîne jusqu'au bord du dernier parapet[4]. En bas, à une profondeur effrayante, la mer se brise avec fureur sur d'énormes rochers. Que Ringois dise un mot, et il est sauvé ; qu'il s'opiniâtre au contraire dans son refus, et il va périr d'une mort affreuse. Il refuse pour la troisième fois, et disparaît aussitôt dans le gouffre.

DURUY.

1. Il s'agit du *traité* de Brétigny, conclu entre le roi de France, Jean le Bon, et Edouard III, roi d'Angleterre.
2. *Abbeville* était la capitale du Ponthieu, en Picardie.
3. *Douvres*, port d'Angleterre, dans le comté de Kent.
4. *Parapet*, partie supérieure d'une plate-forme ou terrasse.

Après nos désastres de la guerre de Cent ans, on voyait se développer de jour en jour l'amour du sol natal et la haine de la domination étrangère. Çà et là, la bourgeoisie se signalait par des actes de généreux dévouement, et préparait ainsi le grand mouvement de résistance qui, cinquante ans plus tard, à la voix d'une fille du peuple, d'une humble paysanne, devait sauver la patrie française.

La mort de Ringois est comparable aux plus beaux traits d'héroïsme que nous offre l'histoire. Et cependant son nom est à peine connu. Ne soyons pas ingrats envers sa mémoire. Ringois, mes enfants, mérite une place dans vos souvenirs, à côté des plus illustres patriotes.

Un écrivain de nos jours disait avec autant de force que de raison : « Celui qui n'aime pas sa patrie absolument, aveuglément, passionnément, ne sera jamais que la moitié d'un homme. »

48. — La chute d'un gland.

Au pied d'un chêne, et sur un vert gazon,
    Se reposait une belette ;
Quand un gland, détaché par un froid aquilon[1],
    Vint tomber à plomb[2] sur sa tête.
    Elle s'éveille, et, tremblante d'effroi[3],
De ce lieu dangereux s'enfuit à perdre haleine[4],
Criant au rat des champs, qu'elle regarde à peine :
    « Là-bas, là-bas vient de tomber sur moi
      La branche énorme d'un gros chêne. »
    Le rat n'eut garde d'aller voir.
Il dit à deux lapins broutant sur la colline
    Qu'un gros chêne venait de choir
    Sur la belette sa voisine.
    Les lapins, en le racontant,
Y mêlent les éclairs et le feu du tonnerre[5].
    Un écureuil, qui les entend,
    Y joint un tremblement de terre.
Bref, les faits, les détails, l'un par l'autre appuyés,
S'étaient le lendemain si bien multipliés,
    Qu'à trente milles[6] à la ronde
    Tous les animaux effrayés
Dans la chute d'un gland voyaient la fin du monde.

Viennet.

1. *Aquilon*, vent du nord.
2. *A plomb*, tout droit, perpendiculairement. Cette locution a pour origine le *fil à plomb*, ficelle à laquelle est suspendu un morceau de métal, et dont se servent les maçons et les charpentiers pour élever verticalement leurs ouvrages. La locution *à plomb* est devenue le substantif *aplomb*, qui signifie d'abord verticalité, puis assurance. A son tour, ce substantif a formé la locution *d'aplomb*, synonyme de *à plomb*.
3. *Effroi* et *frayeur* ont une origine commune et une signification analogue : ils expriment la peur qui glace, qui fait frissonner : mais la frayeur se dit d'un accès soudain et passager ; l'effroi est durable. Ainsi, l'on dit *entrer en effroi*, et l'on ne dirait pas *entrer en frayeur*.

4. *A perdre haleine*, jusqu'à perdre la respiration.

5. Le *tonnerre* n'a pas de *feu* : il n'est que le bruit qui accompagne la foudre et qui est ordinairement précédé d'un éclair.

6. *Mille*, mesure itinéraire, qui dans le principe a désigné mille pas, et dont la longueur varie aujourd'hui suivant les pays.

Un accident des plus ordinaires est devenu, en passant de proche en proche, le présage d'une catastrophe épouvantable. C'est ce qui arrive trop souvent quand la peur obscurcit la raison. Cette manie de tout exagérer faute de réfléchir n'est pas seulement ridicule, elle a aussi ses dangers. En voici un exemple.

Un jour, la rumeur publique apprend à Louison que Mariette, sa voisine, a pénétré dans son clos et qu'elle en a emporté une charretée de pommes. Le maire du village, saisi de l'affaire, fait une première enquête : il en résulte que la charretée de pommes se réduit à une brouettée. Le lendemain, après une nouvelle information, il découvre que ce n'est plus une brouettée, mais une panerée. Enfin le surlendemain, de témoignage en témoignage, il arrive à constater que la prétendue panerée se borne à une pomme unique, et que cette pomme était tombée du pommier de Mariette, qui était allée, sans doute à tort, la ramasser dans le clos de Louison. Voilà donc une pomme qui s'est multipliée à l'infini, au point de devenir successivement panerée, brouettée, charretée, grâce aux caquets des commères du village. Et, ce qui est plus grave, voilà une brave femme que ces caquets ont mise en danger d'être arrêtée comme voleuse et d'être condamnée à une restitution injuste : ce qui serait infailliblement arrivé sans l'intervention intelligente et équitable du maire.

Il est rare que le bavardage ne conduise pas à l'exagération et par suite au mensonge, mensonge qui, même involontaire, peut avoir des conséquences funestes.

---

49. — **Un oiseau héroïque.**

Je revenais de la chasse, et je suivais une allée de mon jardin. Trésor, mon chien, courait devant moi. Tout à coup, il ralentit son pas et se mit à marcher avec précaution, comme s'il flairait du gibier devant lui. Je regardai, et je vis dans l'allée un jeune moineau, le jaune au bec, le duvet sur la tête[1]. Il était tombé de son nid et se tenait coi[2], écartant piteusement[3] ses petites ailes à peine emplumées. Trésor s'approchait de lui, tous les muscles tendus[4], quand tout à coup, s'arrachant d'un

arbre voisin, un vieux moineau à poitrine noire s'abattit comme une pierre, juste devant la gueule du chien, et, tout hérissé, pantelant[5], avec un cri rauque et sauvage, il sauta par deux fois dans la direction de cette gueule ouverte et armée de dents crochues. Quel énorme monstre le chien devait paraître à ses yeux! Et pourtant il n'avait pas pu rester sur sa branche si haute et si sûre : une force plus puissante l'en avait précipité pour sauver son enfant, pour lui servir de rempart. Trésor s'arrêta, recula. On eût dit même qu'il avait reconnu cette force.

Je me hâtai de le rappeler, et je m'éloignai plein d'une sorte de respect. Oh! ne riez pas : c'était bien du respect que j'éprouvais devant ce petit oiseau héroïque, devant l'élan de son amour.

TOURGUENEFF.

1. Les jeunes oiseaux ont le bec bordé de *jaune* et la tête couverte d'un léger *duvet*.

2. *Coi*, immobile. Le féminin est *coite*.

3. *Piteusement*, de manière à exciter la pitié.

4. Les *muscles* sont des organes fibreux qui font mouvoir les membres et d'autres parties du corps. Quand les muscles *sont tendus*, le corps est immobile.

5. *Pantelant*, respirant par secousses.

On a tout dit sur l'instinct maternel des oiseaux, sur cet instinct qui rend les mères tantôt si ingénieuses, tantôt si hardies pour sauver leur nichée en péril. Les unes ont recours à la ruse pour déjouer les attaques de l'ennemi; on connaît ces vers de La Fontaine :

> Quand la perdrix
> Voit ses petits
> En danger, et n'ayant qu'une plume nouvelle
> Qui ne peut fuir encor par les airs le trépas,
> Elle fait la blessée, et va traînant de l'aile,
> Attirant le chasseur et le chien sur ses pas,
> Détourne le danger, sauve ainsi sa famille;
> Et puis, quand le chasseur croit que son chien la pille,
> Elle lui dit adieu, prend sa volée, et rit
> De l'homme, qui, confus, des yeux en vain la suit.

Les autres affrontent résolument l'agresseur. Ainsi la poule, naturellement si craintive, devient intrépide devant l'oiseau de proie qui menace sa couvée. Chez la mère de ce jeune moineau, l'intrépidité paraît de l'héroïsme, quand on songe à sa petitesse et à l'énorme taille de l'animal auquel elle dispute sa progéniture. On comprend l'admiration et le respect qu'éprouve le chasseur en voyant tout ce que l'amour maternel peut inspirer de courage à une créature si chétive.

---

59. — Les deux paysans et le nuage.

> « Guillot, disait un jour Lucas
> D'une voix triste et lamentable,
> Ne vois-tu pas venir là-bas
> Ce gros nuage noir? C'est la marque[1] effroyable

Du plus grand des malheurs. — Pourquoi? répond Guillot.
— Pourquoi? regarde donc : ou je ne suis qu'un sot,
    Ou ce nuage est de la grêle
Qui va tout abîmer[2], vigne, avoine, froment.
    Toute la récolte nouvelle
    Sera détruite en un moment.
Il ne restera rien : le village en ruine[3]
    Dans trois mois aura la famine;
Puis la peste viendra; puis nous périrons tous.
— La peste? dit Guillot. Doucement, calmez-vous,
    Je ne vois pas cela, compère;
Et, s'il faut vous parler selon mon sentiment,
    C'est que je vois tout le contraire;
    Car ce nuage assurément
Ne porte point de grêle, il porte de la pluie;
    La terre est sèche dès longtemps,
    Il va bien arroser nos champs;
Toute notre récolte en doit être embellie.
    Nous aurons le double de foin,
Moitié plus de froment, du vin en abondance;
    Nous serons tous dans l'opulence,
Et rien, hors les tonneaux, ne nous fera besoin[4].
— C'est bien voir que cela[5]! dit Lucas en colère.
— Mais chacun a ses yeux, lui répondit Guillot.
— Oh! puisque c'est ainsi, je ne dirai plus mot;
    Attendons la fin de l'affaire :
Rira bien qui rira le dernier. — Dieu merci,
    Ce n'est pas moi qui pleure ici. »
Ils s'échauffaient tous deux; déjà dans leur furie
Ils allaient se gourmer[6], lorsqu'un souffle de vent
Emporta loin de là le nuage effrayant :
    Ils n'eurent ni grêle ni pluie.

FLORIAN.

1. *La marque*, le signe, l'indice.
2. *Abîmer*, perdre, ravager.
3. *Le village en ruine*, les villageois ruinés.
4. *Hors les tonneaux*, excepté les tonneaux. — *Ne nous fera besoin*, ne nous fera défaut, ne nous manquera.

5. *C'est bien voir que cela* est dit par ironie. La pensée de Lucas est celle-ci : c'est mal voir les choses que de parler ainsi.

6. *Se gourmer*, se battre à coups de poing.

Pour l'un des deux campagnards, ce gros nuage qui s'avance annonce la grêle, la famine, la peste, la ruine ; pour l'autre, il présage une ondée bienfaisante, une riche récolte et l'opulence. Les frayeurs de Lucas sont exagérées autant que les espérances de Guillot sont excessives : celui-ci voit tout en rose, celui-là tout en noir, et chacun suit en cela la pente de son caractère. Mais ce qui leur est commun à tous deux, c'est l'entêtement et l'intolérance. Pour une divergence d'opinion, les voilà qui se fâchent, se menacent et en viennent presque aux mains. Et cela pourquoi? je vous le demande. Pour un résultat qui échappe à leurs prévisions comme à leur pouvoir. Le plus souvent, qui peut savoir si le nuage qui passe amène avec lui l'abondance ou la dévastation?

Nous avons prononcé le mot d'intolérance. Qu'est-ce que l'intolérance? C'est le vice de ceux qui ne supportent aucune contradiction, et souvent sont disposés à violenter quiconque pense, parle et agit autrement qu'eux. Nous devons respecter les autres, non seulement dans leur liberté d'action, mais encore dans leurs idées et leurs croyances. Soyons conciliants, si nous voulons être sociables.

---

51. — Reconnaissance.

Le célèbre Villars, voyageant incognito, traversait un petit village de Lorraine pour aller rejoindre son corps d'armée. C'était un dimanche : il entra dans l'église pour assister à l'office. Quelle fut sa surprise, quand parmi les chantres assis au lutrin, il crut reconnaître Walter, son ancien précepteur! Il sort aussitôt, interroge les habitants qu'il rencontre, et s'assure qu'il ne s'est pas trompé : c'est bien Walter qu'il a vu dans l'église. On lui raconte en quelques mots son histoire. Ruiné par des revers de fortune, il est venu se retirer dans son village natal, et là, malgré ses maigres ressources, il a ouvert une école gratuite pour les petits enfants.

Une heure après, Villars se présentait au modeste logis

de son vieux maître : « Eh quoi! vous ici, vous qui étiez jadis recherché par les plus illustres familles! — Oui, monsieur le duc, par les plus illustres, et ajoutez les plus ingrates. — Que dites-vous, Walter? Ah! si quelques-uns de vos anciens élèves ont pu vous oublier, il en est un qui s'est toujours souvenu et se souviendra toujours de vos soins et de votre dévouement. » Et en même temps, il tendait sa bourse au vieillard. « Non, dit celui-ci, ne me faites pas un don qui nous humilierait l'un et l'autre. Le peu que j'ai me suffit. Votre affection m'est plus précieuse que tout l'argent du monde. Répétez-moi, mon cher Villars, que vous penserez toujours à moi, et je mourrai content. » Pour toute réponse, Villars le serra chaleureusement dans ses bras. Cette loyale étreinte valait la plus solennelle des promesses.

Toutes les fois qu'il le put, Villars vint rendre visite à son ancien précepteur; et quelques années après, quand Walter mourut, sa dernière pensée, comme sa dernière parole, fut pour le plus illustre et le plus cher de ses élèves.

A.

Le duc Hector de *Villars*, né en 1653, se signala dans plusieurs batailles et devint maréchal de France en 1702. Il sauva la patrie en péril par la mémorable victoire de Denain en 1712.

Que l'exemple de Villars vous apprenne à aimer, à respecter vos maîtres. Un maître est le remplaçant des parents. Les enfants d'une école sont pour lui une famille d'adoption. Il les surveille, il les élève, il les instruit; et il use souvent ses forces dans ces pénibles fonctions. En échange, il a droit à l'obéissance des écoliers, à leur affection, à leur respect. Une des plus grandes satisfactions que vous puissiez donner à vos parents, c'est d'aimer et d'honorer l'instituteur ou l'institutrice à qui ils ont confié le soin de votre éducation. Voyez plus loin. *Le maître.*

---

52. — Mars.

1.

Ah! que Mars est un joli mois!
C'est le mois des surprises.

Du matin au soir, dans les bois,
    Tout change avec les brises.

2.

Par-dessus la haie en éveil,
    Fier de ses fleurs écloses,
On voit le pêcher au soleil
    Ouvrir ses bourgeons roses.

3.

Gelée et vent, pluie et soleil,
    Alors tout a des charmes;
Mars a le visage vermeil
    Et sourit dans ses larmes.

Ch. REYNAUD.

1. Mars est le *mois des surprises*. En effet, pendant les mois d'hiver, les plantes sont comme engourdies par la bise glaciale; mais *tout change avec les brises* printanières que ramène le mois de mars; les bourgeons se forment sur les arbres, puis les feuilles contenues dans ces bourgeons commencent à se montrer; beaucoup de plantes donnent leurs premières fleurs, et avec les fleurs reparaissent les insectes qui en vivent : ce sont là autant de surprises.

2. Les arbustes des *haies* s'éveillent comme toute la nature; et ce qui dans cet *éveil* général attire surtout les regards, c'est le *pêcher* qui semble fier *d'ouvrir au soleil ses fleurs d'un si joli rose*, fleurs pleines de riches promesses.

3. Au mois de mars, les nuits amènent quelquefois des *gelées*, qui arrêtent la végétation naissante; les journées sont souvent attristées par la *pluie* : de temps à autre surviennent des coups de *vent*, accompagnés d'averses et de grêle; c'est ce qu'on appelle les giboulées. Mais vent, gelée et pluie, tout cela n'est que passager; tout cela même *a des charmes*, puisque nous n'en sommes que plus sensibles au retour de la lumière et de la chaleur. *Mars a le visage vermeil et sourit dans ses larmes*. Cela veut dire que le soleil reparaît et brille au milieu des pluies de printemps.

53. — **Catinat aux Invalides**

Un enfant vint un jour, avec l'empressement naïf de
son âge, prier le maréchal de Catinat[1] de le mener à
l'Hôtel des Invalides[2]. Il y consent, prend l'enfant par la

main, le mène avec lui, arrive aux portes. A la vue du
maréchal, la garde se range sous les armes, les tambours
se font entendre, les cours se remplissent; on répète de
tous les côtés : « Voilà le Père la Pensée[3] ! »

Ce mouvement, ce bruit causent à l'enfant quelque
frayeur; Catinat le rassure : « Ce sont, dit-il, des
marques de l'amitié qu'ont pour moi ces hommes respec-
tables. »

Il le conduit partout, lui fait tout voir. L'heure du repas sonne : il entre dans la salle où les soldats s'assemblent; et, avec cette noble simplicité, cette franchise de mœurs guerrières qui rapprochent ceux que le même courage et les mêmes périls ont rendus égaux : « A la santé, dit-il, de mes anciens camarades! » Il boit, et fait boire l'enfant avec lui. Les soldats, debout et découverts, répondent par des acclamations qui le suivent jusqu'aux portes; et il sort, emportant dans son cœur la douce émotion de cette scène, trop au-dessus de l'âme d'un enfant, mais dont le récit a pour nous encore aujourd'hui quelque chose d'attendrissant et d'auguste.

LA HARPE.

1. Nicolas *Catinat*, né à Paris en 1637, mort en 1713, se distingua par d'éclatants faits d'armes, entre autres par les victoires de Staffarde et de la Marsaille.

3. L'hôtel des *Invalides* (par abréviation les *Invalides*) a été fondé en 1670 par Louis XIV, sur la proposition du ministre Louvois. « J'ai trop aimé la guerre, » disait ce roi en mourant. Du moins il racheta cette passion malheureuse en préparant un asile sûr et honorable aux soldats que leur vieillesse ou leurs blessures avaient rendus incapables de servir, et qui, après avoir versé leur sang pour la patrie, devaient être recueillis et entretenus aux frais de la patrie. Il faut admirer la pensée généreuse qui a présidé à cette fondation. Un de nos grands écrivains disait : « J'aimerais autant avoir fait cet établissement, si j'étais prince, que d'avoir gagné trois batailles. » Et il ajoutait avec raison que l'État ne fait pas encore assez pour ces vieux soldats. « La plupart meurent obscurs : leurs noms devraient être inscrits dans un livre glorieux, dans un livre d'or, pour être donnés en exemple et devenir des titres de noblesse. »

3. C'est le surnom que les soldats avaient donné à Catinat à cause de son attitude calme et de son air méditatif.

Assurément le jeune enfant ne comprit pas tout ce qu'il y avait d'imposant dans un pareil spectacle. Mais on ne peut pas dire que *l'émotion de cette scène était au-dessus de son âme.* Après un premier moment de surprise et de frayeur, il dut être profondément ému en voyant l'accueil enthousiaste que ces vieux soldats faisaient à leur ancien chef, et il dut en garder longtemps le souvenir. J'en appelle à vous-mêmes, jeunes écoliers; mettez-vous à la place du petit compagnon de Catinat, et dites quels sentiments vous auriez éprouvés en pareille circonstance.

54. — Les métiers.

I

Sans le paysan, aurais-tu du pain ?
C'est avec le blé qu'on fait la farine ;
L'homme et les enfants, tous mourraient de faim,
Si dans la vallée et sur la colline
On ne labourait et soir et matin.

Sans le boulanger, qui ferait la miche ?
Sans le bûcheron, roi de la forêt,
Sans poutres, comment est-ce qu'on ferait
La maison du pauvre et celle du riche ?
Même notre chien n'aurait pas sa niche.

Où dormirais-tu, dis, sans le maçon ?
C'est si bon d'avoir sa chaude maison
Où l'on est à table ensemble en famille !
Qui cuirait la soupe, au feu qui pétille,
Sans le charbonnier, qui fait le charbon ?

II

Sans le tisserand, qui ferait la toile ?
Et sans le tailleur, qui coudrait l'habit ?
Il ne fait pas chaud à la belle étoile !
Irons-nous tout nus le jour et la nuit,
Et l'hiver surtout, quand le nez bleuit ?

Aime le soldat, qui doit te défendre.
Aime bien ta mère avec ton cœur tendre ;
C'est pour la défendre aussi qu'il se bat.
Quand les ennemis viendront pour te prendre,
Que deviendrais-tu sans le bon soldat ?

Aimez les métiers, le mien et les vôtres,
On voit bien des sots, pas de sot métier;
Et toute la terre est comme un chantier
Où chaque métier sert à tous les autres,
Et tout travailleur sert au monde entier.

J. AICARD.

Le poète nous montre le besoin que nous avons les uns des autres, et l'affection que nous nous devons mutuellement. Le travail de tous sert à chacun, et, sans cet échange de services réciproques, les hommes retomberaient bientôt dans l'état de misère et de barbarie.

En outre, il y a dans cette pièce un vers sur lequel nous appelons toute votre attention :

On voit bien des sots, pas de sot métier.

« Certains travaux sont plus relevés que d'autres, en ce sens qu'ils demandent plus d'intelligence et moins de force physique; mais, en réalité, tout travail est également noble, et, comme dit le proverbe, *il n'y a pas de sot métier, il n'y a que de sottes gens.* Dans l'accomplissement de toute tâche, quelle qu'elle soit, on peut montrer de l'intelligence, de l'esprit et du cœur. C'est une grande sottise à ceux qui travaillent de leurs mains de se figurer que le travail de l'esprit est moins utile ou moins pénible; mais, réciproquement, ceux qui s'appliquent aux sciences et aux arts ne sauraient sans injustice dédaigner les travaux manuels. Chaque condition a son importance et peut avoir sa dignité. Tout métier est noble quand on le fait bien, et heureux quand on a la sagesse de s'en contenter. » (MARION.)

---

55. — Le péage.

Jean-Pierre était cité dans tout le pays pour son avarice. Un jour, en visitant ses vastes domaines, il lui arriva d'être arrêté par une rivière, qui lui parut bien profonde, du moins pour un petit homme comme lui. Par bonheur, il voit un maçon, grand et robuste gaillard, qui, ayant retroussé son pantalon, se disposait à passer dans l'endroit le plus guéable. Jean-Pierre lui demande de le prendre sur ses épaules, sauf à lui en garder une éternelle reconnaissance. Le maçon, qui n'a confiance ni dans la gratitude ni dans la générosité de Jean-Pierre, répond qu'il offre volontiers ses épaules comme un pont, mais qu'il faut payer le droit de passage. Notre avare hésite longuement devant ce

péage d'un nouveau genre, et finit par offrir une pièce de quatre sous. Le marché conclu, le maçon se met à l'eau.

La moitié de la traversée se fit sans encombre, et l'on approchait de l'autre bord, lorsque Jean-Pierre déclara qu'il avait oublié sa bourse. Le maçon jugea avec raison que c'était une nouvelle lésinerie et insista pour le paiement immédiat de la rétribution promise. L'avare résista, épilogua, cherchant mille excuses, ajoutant mille promesses : si bien que le porteur, à bout de patience, fit un soubresaut et lâcha son homme. Après l'avoir laissé quelques minutes se débattre dans la rivière, il le repêcha et le déposa sur la rive. « Ma foi, lui dit-il, je suis un maladroit de vous avoir mouillé : vous ne me devez rien. Adieu. » L'aventure courut dans le village et ne tourna pas à l'avantage de Jean-Pierre.

Champfleury.

L'avarice ou la cupidité, c'est le désir d'amasser des richesses. L'avare n'est jamais satisfait : plus il a, plus il veut avoir; l'appétit lui vient en mangeant, comme dit le proverbe. Il entasse comme s'il devait vivre éternellement; et souvent il perd en un instant le bien qu'il possédait, en voulant l'accroître outre mesure ou trop rapidement. Non seulement l'avare cherche à acquérir, mais il garde et cache ce qu'il a acquis, au lieu d'en jouir lui-même et d'en faire profiter les autres; non seulement il est cupide, mais il est égoïste.

C'est là un défaut qu'on reproche souvent aux vieillards. Cependant, en cherchant bien, on pourrait trouver des enfants, de tout jeunes enfants, un peu trop enclins à serrer les cordons de leur petite bourse, quand il s'agit de faire une dépense utile pour eux ou agréable pour leurs camarades.

Il est rare que l'avarice n'engendre pas d'autres défauts. Pour conserver leur argent, certains avares ne reculent ni devant le mensonge ni devant la perfidie. Le châtiment infligé à Jean-Pierre paraît bien doux, quand on songe à sa mauvaise foi. Ne le plaignons pas.

---

56. — Arrivée au port.

Heureux le voyageur que sa ville chérie
Voit rentrer dans le port aux premiers feux du jour;
Qui salue à la fois le ciel et la patrie,
La vie et le bonheur, le soleil et l'amour!
Regardez, compagnons; un navire s'avance.
La mer qui l'emporta le rapporte en cadence,
En écumant sous lui, comme un hardi coursier,
Qui, tout en se cabrant, sent son vieux cavalier.
Salut, qui que tu sois, toi dont la blanche voile
De ce large horizon accourt en palpitant!

Heureux, quand tu reviens, si ton errante étoile
Te fait aimer la rive! Heureux, si l'on t'attend!
Comme le cœur bondit, quand la terre natale,
Au moment du retour, commence à s'approcher,
Et du vaste Océan sort avec son clocher!
Et quel tourment divin dans ce court intervalle
Où l'on sent qu'elle arrive et qu'on va la toucher!
O patrie! ô patrie! ineffable mystère!
Mot sublime et terrible! inconcevable amour!
L'homme n'est-il donc né que pour un coin de terre,
Pour y bâtir son nid, et pour y vivre un jour?

MUSSET.

La réponse à ces deux derniers vers se trouve dans une des plus belles pages qu'ait écrites Lamennais : « Pauvre exilé, cesse de gémir : tous sont bannis comme toi... La patrie n'est point ici-bas; l'homme vainement l'y cherche : ce qu'il prend pour elle n'est qu'un gîte d'une nuit, etc. »

Quant aux pensées et aux sentiments si bien exprimés par le poète, nous les trouvons mis en action dans un récit de B. de Saint-Pierre.

« Je me rappelle que, lorsque j'arrivai en France sur un vaisseau qui venait des Indes, dès que les matelots eurent distingué la terre de la patrie, ils devinrent pour la plupart incapables d'aucune manœuvre. Les uns la regardaient sans pouvoir en détourner les yeux; d'autres mettaient leurs beaux habits, comme s'ils avaient été au moment de descendre; il y en avait qui parlaient tout seuls, et d'autres qui pleuraient. A mesure que nous approchions, le trouble de leurs têtes augmentait : comme ils en étaient absents depuis plusieurs années, ils ne pouvaient se lasser d'admirer la verdure des collines, le feuillage des arbres, et jusqu'aux rochers du rivage couverts d'algues et de mousse, comme si tous ces objets leur eussent été nouveaux. Les clochers des villages où ils étaient nés, qu'ils reconnaissaient de loin dans les campagnes, les remplissaient d'allégresse. Mais, quand le vaisseau entra dans le port, et qu'ils virent sur les quais leurs amis, leurs pères, leurs mères, leurs enfants, qui leur tendaient les bras en pleurant, il fut impossible d'en retenir un seul à bord. Tous sautèrent à terre, et il fallut suppléer aux besoins du vaisseau par un autre équipage. »

57. — La prose et les vers.

Le maître de philosophie. — Sont-ce des vers que vous voulez écrire ?

M. Jourdain. — Non, pas de vers.

Le maître. — Vous ne voulez que de la prose ?

M. Jourdain. — Non, je ne veux ni vers ni prose.

Le maître. — Il faut bien que ce soit l'un ou l'autre.

M. Jourdain. — Pourquoi ?

Le maître. — Par la raison, monsieur, qu'il n'y a, pour s'exprimer, que la prose et les vers.

M. Jourdain. — Il n'y a que la prose et les vers ?

Le maître. — Non, monsieur. Tout ce qui n'est point prose est vers, et tout ce qui n'est point vers est prose.

M. Jourdain. — Et comme l'on parle, qu'est-ce que c'est donc que cela ?

Le maître. — De la prose.

M. Jourdain. — Quoi ! quand je dis : « Nicole, apportez-moi mes pantoufles, et me donnez mon bonnet de nuit, » c'est de la prose ?

Le maître. — Oui, monsieur.

M. Jourdain. — Par ma foi, il y a plus de quarante ans que je dis de la prose sans que j'en susse rien ; et je vous suis le plus obligé du monde de m'avoir appris cela.

MOLIÈRE.

M. Jourdain, bourgeois riche et ignorant, voudrait adresser à une certaine comtesse un compliment gracieux et bien tourné. Il consulte à cet égard son maître de philosophie : ce qui donne lieu au dialogue que vous venez de lire. Il aurait pu encore demander à son maître en quoi les vers diffèrent de la prose ; mais il n'a pas poussé la curiosité jusque-là. Vous, mes enfants, vous êtes plus curieux, c'est-à-dire plus désireux de vous instruire. Le commentaire de la lecture suivante va vous donner un commencement de satisfaction.

58. — **Une mauvaise plaisanterie**.

I

Pierre avait reçu pour sa fête
Une collection complète
De jouets : des soldats de plomb,
Un grand cerf-volant, un ballon
Et toute une ménagerie.
Il avait avec symétrie
Mis à terre chaque jouet,
Ce qui faisait très bon effet :
D'abord une chèvre superbe
Qui paraissait manger de l'herbe :
Puis un cheval, un peu plus loin,
Qui paraissait manger du foin ;
Des moutons, un bœuf et des biches,
Le tout gardé par deux caniches.
Juste en face il avait placé
Les soldats, en groupe pressé,
Prêts à défendre par les armes
Les animaux, en cas d'alarmes.
En ce moment, dans le salon
Entra Tom, un gros chien très bon,
Que taquinait fort souvent Pierre,
Lequel aussitôt songe à faire
Un nouveau tour au pauvre chien.
Vite, sans avoir l'air de rien,
Il lui noue, avec sa cravate,
Une casserole à la patte,
Et crie, afin de l'effrayer.
Le chien, en entendant crier,
Se sauve ; mais la casserole
Le poursuit, l'effraie et l'affole,
Si bien qu'il s'est précipité
Dans les jouets. Fatalité !

II

Hélas! à ce choc effroyable,
Vlan! trois moutons sautent au diable.
Le bœuf, le cheval font comme eux,
Et la chèvre est coupée en deux.
Les soldats, rangés en bataille,
Apprètent déjà leur mitraille;
Mais d'un coup de patte mortel
Tom assomme le colonel,
Couche deux commandants par terre,
Envoie en l'air la cantinière,
Ecrase quatre lieutenants,
Décapite treize sergents,
Et laisse vingt soldats sur place :
Quant au reste, il demande grâce.
De plus, Tom casse le cordon
Qui fixait au sol le ballon,
Et le ballon par la fenêtre
File pour ne plus reparaître.
Alors le chien en fait autant
En passant dans le cerf-volant.
Pierre, depuis cette aventure,
Ne s'avise plus, je vous jure,
De jouer des tours à son chien ;
Ça ne lui réussit pas bien.

P. Bilhaut.

Ici, mes enfants, nous devons faire une pause, et entrer dans des explications d'un nouveau genre, afin que vos exercices de lecture et de récitation vous deviennent plus profitables.

En jetant les yeux sur cette pièce, vous avez dû être frappés de la différence qu'elle présente avec d'autres morceaux qui précèdent. Vous vous êtes demandé sans doute pourquoi elle se compose de lignes qui paraissent et qui, en effet, sont inachevées. A cette question, je vais faire une réponse qui, je crois, ne dépasse pas la portée de votre intelligence.

Ces lignes inachevées sont des *vers*. En les lisant à haute voix et lentement, vous remarquerez que dans chaque ligne le nombre des syllabes est déterminé, c'est-à-dire rigoureusement compté. Ici, chaque vers est composé de huit syllabes. Mais, comme vous le verrez dans d'autres pièces, il y a aussi des vers de douze, de dix, de sept syllabes, et aussi de plus courts. La règle qui détermine le nombre de syllabes dans un vers, c'est ce qu'on appelle la *mesure*.

Vous ferez une autre remarque : c'est que le son qui termine chaque vers correspond à un son semblable dans la fin d'un autre vers qui précède ou qui suit : *superbe, herbe, loin, foin*. Ce retour des mêmes consonances s'appelle la *rime*.

La mesure et la rime, voilà donc ce qui caractérise les vers et ce qui les distingue du langage ordinaire, qui s'appelle *prose*. Entre la prose et les vers, il y a encore d'autres différences; mais vous les apprendrez plus tard; pour le moment, vous connaissez l'essentiel.

Grâce à la mesure et à la rime, les vers sont une sorte de musique, un langage harmonieux qui flatte plus agréablement l'oreille et pénètre plus promptement dans l'esprit. C'est ce langage qu'on nomme *poésie*.

Ainsi que vous en avez peut-être fait l'observation, on apprend plus facilement les vers que la prose, et on les garde plus longtemps dans sa mémoire. C'est donc avec raison que les morceaux de poésie vous sont donnés de préférence comme exercices de récitation : les enseignements qu'ils renferment demeurent plus profondément gravés dans vos cœurs.

---

59. — Les rats.

Ce matin j'étais dans mon lit, occupé à lire. Un léger bruit attira mon attention vers la cloison qui me faisait face. Alors je vis un rat qui passait sa tête hors d'un trou pratiqué au ras du sol. Il se retira, puis reparut un instant après : il conduisait par l'oreille un autre rat plus gros que lui, et qui paraissait vieux. Il le laissa sur le bord du trou, et se mit à parcourir la chambre, ramassant les petits morceaux de pain ou de biscuit qui, la veille, étaient tombés de la table : ces morceaux, il les portait près de l'autre animal, qui restait immobile à sa place.

Ce manège excita au plus haut point ma curiosité, et je redoublai d'attention. Le vieux rat ne trouvait qu'en tâtonnant la nourriture déposée auprès de lui; j'en conclus qu'il était aveugle. Il devenait évident pour moi que j'avais sous les yeux le spectacle d'un fils nourrissant son père infirme. Je me gardai de faire le moindre mouvement qui pût effaroucher mes deux hôtes.

Mais, tout à coup, un domestique ouvrit la porte de ma chambre. Le jeune rat poussa un petit cri, comme pour avertir l'aveugle; et, malgré sa frayeur, il ne songea à son salut qu'après avoir assuré celui de l'infirme. Il rentra dans le trou après lui, lui servant pour ainsi dire d'arrière-garde.

BOITARD.

Cette prétendue histoire a tout l'air d'un conte, me direz-vous. Soit; mais on pourrait citer beaucoup d'autres traits parfaitement authentiques qui font le même honneur à l'intelligence des animaux. Vous entendrez dire à quelques personnes que les animaux n'ont reçu en partage que l'*instinct*, c'est-à-dire un penchant naturel qui les pousse à exécuter aveuglément et machinalement certains actes qui sont toujours les mêmes. Cela n'est vrai que pour une partie d'entre eux. Observez quelques-uns des animaux qui vivent autour de vous, et vous reconnaîtrez qu'ils sont pourvus de certaines facultés intellectuelles, attention, prévoyance, mémoire, qui se développent soit par le besoin, soit par le sentiment du danger, et qui s'exercent différemment suivant les circonstances. Mais ce qui est vrai, c'est que leur intelligence est bornée, quand on la compare à l'intelligence humaine. Ce qui est vrai, c'est qu'ils n'ont ni la raison ni la parole, si ce n'est dans les fables, où, par un jeu d'esprit et dans une intention morale, on leur attribue ce double don que l'homme seul possède.

Cela dit, l'homme ne saurait trop admirer chez les animaux cette sympathie qui les pousse à s'entr'aider et à se secourir, et qui peut se manifester entre animaux de même espèce, en dehors de toute affection de famille. Voyez, dans le cours élémentaire, *L'hirondelle captive*. Qu'elle soit purement instinctive, ou qu'elle soit éclairée par l'intelligence, cette sympathie vraiment fraternelle est digne de toute notre attention.

------

60. — Dans un cimetière.

Au cimetière [1] d'un village
Où souvent s'égarent mes pas,
Une enfant jouait : heureux âge
Que la tombe n'attriste pas !

De çà, de là [2], légère et vive [3],
Je suivais ses pas en rêvant.
Je l'appelle : prompte, elle arrive,
Les pieds nus, les cheveux au vent.

Répondez-moi, petite fille :
« Combien de frères avez-vous?
— Nous sommes sept dans la famille.
— Sept enfants! Où donc sont-ils tous? »

Avec son beau regard tranquille
Et sa voix au son doux et clair :
« Deux sont ouvriers à la ville,
Deux encor bien loin sur la mer;

Deux autres dans ce cimetière
Dorment là-bas sous le gazon;
Et moi, de la famille entière,
Seule, je reste à la maison.

— Hélas! ma jeune tête blonde,
Du chœur [4] ces deux-là sont exclus; »

Et dans notre joyeuse ronde [5],
Enfant, les morts ne comptent plus.

— Pourquoi? c'est Jeanne et Petit-Pierre;
Je sais bien qu'ils sont là tous deux,
Et j'y viens dire ma prière,
Afin de parler avec eux.

J'y viens, quand la journée est belle,
Tricoter tant qu'on peut y voir;
Et puis, dans ma petite écuelle
J'y porte mon souper le soir.

Nous sommes sept, redisait-elle;
Et nous comptons bien nous revoir. »

Mme A. TASTU.

1. *Au cimetière*, dans le cimetière.
2. *De çà, de là*, tantôt d'un côté, tantôt d'un autre.
3. *Légère et vive.* Ces adjectifs se rapportent à *elle*, pronom contenu dans le mot *ses* : ses pas, *les pas d'elle*.
4. *Du chœur sont exclus*, ne font plus partie de la famille. — On appelle *chœur* un ensemble de gens qui dansent et chantent en cadence. Ici, le mot signifie une réunion de personnes vivant en bon accord, une troupe de frères et de sœurs.
5. Le monde est comparé à une fête où les vivants s'agitent en se tenant par la main. Les morts laissent une place vide dans la *ronde joyeuse* qu'on appelle la vie.

Rien d'attendrissant comme les paroles de cette petite fille. Pour elle, le frère et la sœur ensevelis dans le cimetière, ce sont des absents qui sont endormis là pour un temps, mais qu'elle reverra un jour. Ces chers absents, quoi qu'on lui dise, elle les compte toujours parmi les sept enfants de la maison; aussi vient-elle chaque jour travailler et prendre son petit repas près de l'endroit où ils reposent, afin de prier et de causer avec eux. Elle ne veut pas croire que la mort soit une séparation, du moins une séparation éternelle. Foi naïve et touchante, qui, plus tard, éclairée par la raison, sera la force et la consolation de sa vie!

61. — Latour d'Auvergne.

Après avoir donné vingt années de sa vie au service de sa patrie, le capitaine Latour d'Auvergne venait de prendre une retraite bien méritée, employant sa modique fortune au soulagement des pauvres et consacrant tous ses loisirs à l'étude[1].

Les amis ne lui manquaient pas ; mais il avait une affection particulière pour l'avocat Jacques Lebrigant, excellent patriote comme lui et bien digne de toute son amitié. Lebrigant avait vu plusieurs de ses fils partir pour l'armée, et tous étaient morts au champ d'honneur pour la défense de la République. Il ne lui restait plus qu'un jeune garçon, faible et maladif, qu'il espérait garder comme la consolation de ses vieux jours. Mais, en 1799, voilà que la conscription va le lui prendre comme les autres. Latour d'Auvergne en est informé. Laissera-t-il partir cet enfant, si peu fait pour la vie des camps et si nécessaire à son père? Non. Il quitte la petite maison où devait s'écouler paisiblement sa vieillesse, il court à Paris et obtient la permission de remplacer le fils de son ami. Quelques jours après, il était incorporé dans la 46e demi-brigade[2]. C'est un conscrit qu'il remplace; il est conscrit lui-même, et porte sur sa poitrine de vieux héros les buffleteries d'un simple grenadier[3]. Sur le rapport de Carnot[4], le premier consul lui envoie un sabre d'honneur et lui décerne le titre de premier grenadier de la République.

E. CHARAVAY.

1. *A l'étude.* Latour d'Auvergne savait à peu près toutes les langues de l'Europe. Il a laissé un savant ouvrage sur les *Origines gauloises.*

2. Sous la première république, on appelait *demi-brigade* la réunion de trois bataillons.

3. Jadis, on appelait *grenadiers* des soldats qui lançaient une petite bombe appelée *grenade.* Plus tard, ce nom s'est appliqué à une ou plusieurs compagnies d'élite dans chaque bataillon.

4. Lazare *Carnot* avait dirigé les opérations de nos armées

et puissamment contribué à leurs succès. En 1799, il était ministre de la guerre.

Théophile Corret de *Latour d'Auvergne*, de la famille de Bouillon et du sang de Turenne, était né en 1743. Nommé capitaine en 1789, il ne voulut jamais accepter d'avancement. Tué à l'ennemi en 1800, on lui fit de pompeuses funérailles. Son cœur, enfermé dans une urne d'argent, fut confié à la garde de la compagnie qu'il avait adoptée. Son sabre fut porté à Paris et suspendu dans l'église des Invalides. Son titre de « premier grenadier de France » lui est resté comme un titre impérissable de gloire. Enfin un nouveau genre d'honneur perpétua sa mémoire dans l'armée : son nom demeura inscrit sur les contrôles de la 46ᵉ demi-brigade ; et tous les jours, à l'appel de ce nom, le plus ancien sergent répondait : « Mort au champ d'honneur. »

Le récit qu'on vient de lire montre que cette âme héroïque était capable de tous les dévouements : il combattait et mourait en même temps pour la patrie et pour l'amitié.

---

62. — La campagne.

Après vos sœurs et votre mère,
Enfants au cœur tendre et soumis,
Que la nature vous soit chère ;
Les champs sont nos meilleurs amis.

L'air des champs donne avec largesse
Comme un autre lait maternel ;
Il fait croître en force, en sagesse,
L'enfant placé là par le ciel.

C'est la voix du monde champêtre,
L'éclat des prés verts, du lac bleu,
Qui vous feront le mieux connaître
Et chérir la bonté de Dieu.

Aimez donc les bois, la fontaine,
L'étang bordé de longs roseaux,
Les petites fleurs, le grand chêne
Tout peuplé de joyeux oiseaux.

LAPRADE.

Votre première affection est pour les êtres qui vous entourent à votre entrée dans la vie, père, mère, frères et sœurs. Plus tard, en grandissant, vous apprenez à aimer vos concitoyens, puis tous les autres hommes, qui sont pour vous des frères. Mais, en attendant, qui de vous ne se sent attiré par une secrète sympathie vers le monde extérieur qui s'offre à vos regards, vers les beautés de la nature? Quand vous quittez la maison paternelle pour aller dans les champs, ne vous sentez-vous pas heureux comme on l'est au milieu de ses plus chers amis? L'air pur que vous y respirez achève ce qu'a commencé le lait maternel; il vous rend plus sains et plus forts. En même temps, il vous rend plus sages, dit le poète. Mais comment cela? La vue des prairies, des lacs, des bois, vous charme et parle à vos cœurs: du spectacle des choses créées, vous vous élevez insensiblement à l'idée d'un créateur, d'un être à la fois puissant et bon; par la nature, vous apprenez à connaître Dieu et à l'aimer. N'est-ce pas là une école où l'on devient meilleur? N'est-ce pas là le commencement de la sagesse? Chers enfants, gardez donc toujours ces douces et salutaires émotions que fait naître en vous l'aspect du monde champêtre. S'il ne vous est pas donné de passer votre vie au milieu des plaines, des prés et des forêts, près des sources et des étangs, *avec les petites fleurs et les grands arbres*, du moins réservez-leur tous vos loisirs comme à vos *meilleurs amis*, et, le plus souvent que vous pourrez, allez vous retremper dans cet air vivifiant et pur qui donne *la force et la sagesse*.

---

63. — **La herse.**

Un fermier envoya deux de ses domestiques chercher une herse [1] chez un de ses voisins, et leur donna ordre de l'apporter à eux deux sur les épaules. Quand ils la virent, l'un d'eux, qui ne manquait pas d'esprit, dit : « A quoi pensait notre maître de n'envoyer que deux hommes pour porter cette herse? il n'y a pas sur la terre deux hommes en état de la porter. — Bah [2]! dit l'autre, qui était fier de sa force, que me parlez-vous de deux hommes? Un seul suffit : aidez-moi à la charger sur mes épaules, et vous verrez. »

Tandis qu'il marchait courbé sous le fardeau, son camarade s'écriait : « Comme vous êtes fort! Je ne l'aurais jamais cru! Vous êtes un Samson [3]. Il n'y a pas deux hommes comme vous en Amérique. Mais vous vous tuerez; reposez-vous un moment, ou laissez-moi vous aider. — Non, non, reprit l'autre, plus encouragé par

les compliments que fatigué par la charge, vous verrez que je suis en état d'arriver jusqu'à la maison. » Et il y réussit en effet. Quant à son camarade, il le suivit tranquillement et les bras croisés.

FRANKLIN.

1. *Herse*, instrument aratoire, de forme plate et rectangulaire, muni de pointes en bois ou en fer, et qui sert à briser les mottes d'une terre labourée et à recouvrir les grains après l'ensemencement.

2. *Bah!* exclamation qui exprime l'insouciance et le dédain.

3. *Samson*, personnage de la Bible, célèbre par sa force. Entre autres exploits, il assomma mille Philistins avec une mâchoire d'âne; il emporta sur son dos les portes d'une ville où il était assiégé; enfin, il ébranla d'un coup d'épaule les colonnes d'un temple où ses ennemis étaient rassemblés; mais il périt lui-même, écrasé sous les ruines de l'édifice.

Ce récit est en quelque sorte l'application d'une fable connue : *Le corbeau et le renard.*

Vous avez compris sans peine quelle était la secrète pensée d'un des deux domestiques, lorsqu'il prodiguait à l'autre les éloges et les compliments. Il le flatte, fait semblant de le plaindre, et même il fait mine de vouloir l'aider; mais, au fond, il veut lui laisser tout le poids de la besogne. Après avoir accompli sa tâche, ce dernier ne s'aperçoit pas qu'il a été dupe d'un camarade paresseux et rusé. Il n'a pas même l'intelligence du corbeau, qui reconnaît à la fin que le renard s'est joué de lui et qui jure de ne plus s'y laisser prendre.

Dans l'anecdote, comme dans la fable, la malice des deux flatteurs vous a sans doute amusés. Toutefois, n'allez pas leur en faire un mérite. Au contraire, tout en riant de la sottise des gens qui se laissent attraper, méprisez la conduite hypocrite de celui qui les attrape. Flatter, c'est mentir.

---

64. — Le sergent Hornus.

I

Le régiment était en bataille sur un talus de chemin de fer, et servait de cible à toute l'armée prussienne massée en face, sous le bois. On fusillait à quatre-vingts mètres. Les officiers criaient : « Couchez-vous!... » mais personne ne voulait obéir, et le fier régiment restait debout, groupé autour de son drapeau. De temps en temps, le drapeau qui se dressait au-dessus des têtes, agité au vent de la mitraille, sombrait dans la fumée; alors une voix s'élevait grave et fière, dominant la fusillade et les râles des blessés : « Au drapeau! mes enfants, au drapeau!... » Aussitôt un officier s'élançait, et l'héroïque enseigne, redevenue vivante, planait encore au-dessus de la bataille. Vingt-deux fois elle tomba; vingt-deux fois sa hampe, encore tiède, échappée à une main mourante, fut saisie, redressée; et, lorsque au soleil couché, ce qui restait du régiment — à peine une poignée d'hommes — battit lentement en retraite, le drapeau n'était plus qu'une guenille aux mains du sergent Hornus, le vingt-troisième porte-drapeau de la journée.

Ce sergent Hornus savait à peine signer son nom et

avait mis vingt ans à gagner ses galons de sous-officier.
Avec cela, il était un peu bègue: mais, pour être porte-
drapeau, on n'a pas besoin d'éloquence. Le soir même
de la bataille, son colonel lui dit : « Tu as le drapeau,
mon brave: eh bien! garde-le. » Et sur sa pauvre capote
de campagne, déjà toute passée à la pluie et au feu, la
cantinière surfila tout de suite un liseré d'or de sous-
lieutenant.

II

Ce fut le seul orgueil de cette vie d'humilité. Du coup,
la taille du vieux troupier se redressa.

Ce pauvre être, habitué à marcher courbé, les yeux à
terre, eut désormais une figure fière, le regard toujours
levé pour voir flotter ce lambeau d'étoffe et le maintenir
bien droit, bien haut, au-dessus de la mort, de la trahi-
son, de la déroute. Vous n'avez jamais vu d'homme si
heureux qu'Hornus les jours de bataille, lorsqu'il tenait
sa hampe à deux mains, bien affermie dans son étui de
cuir. Toute sa vie, toute sa force était dans ses doigts
crispés autour de ce beau haillon doré sur lequel se
ruaient les balles, et dans ses yeux pleins de défi qui
regardaient les Prussiens bien en face, d'un air de dire :
« Essayez donc de venir me le prendre!... »

Personne ne l'essaya, pas même la mort. Après Borny,
après Gravelotte, les batailles les plus meurtrières, le
drapeau s'en allait de partout, haché, troué, transparent
de blessures; mais c'était toujours le vieil Hornus qui le
portait.

A. DAUDET.

Qu'est-ce que le régiment?
« Ce n'est pas un rassemblement d'hommes réunis à la
hâte, un troupeau de conscrits revêtus de l'uniforme; ce qui
en fait la force, ce qui lui permet d'affronter des dangers
terribles, c'est qu'il est composé de soldats éprouvés, unis,
disciplinés; c'est que ces soldats ont vécu ensemble, qu'ils ont
appris à se connaître, à s'estimer; c'est qu'ils savent qu'ils

peuvent compter les uns sur les autres, et qu'à l'heure critique nul ne lâchera pied. C'est qu'ils ont confiance dans leurs chefs; qu'ils savent que les grades se donnent à ceux qui ont cherché à les mériter, à ceux que leur courage ou leur intelligence a désignés au choix de leurs supérieurs. Aussi sont-ils prêts à suivre leurs officiers partout où il faudra aller pour la défense du pays. »

Qu'est-ce que le drapeau?

Le drapeau, c'est d'abord le signe de ralliement pour les soldats d'un même régiment. Mais c'est mieux encore : là où est le drapeau, là est la patrie. Relisons ces beaux vers que le poète Déroulède semble avoir écrits pour le sergent Hornus :

> Autour du drapeau qui nous guide,
> Tout un peuple attend, intrépide,
> L'heure que nul ne peut prévoir.
> L'homme espère, Dieu seul décide.
> Autour du drapeau qui nous guide,
> Tout un peuple est prêt au devoir.
>
> Porte-drapeau, mon camarade,
> Au combat comme à la parade,
> Ton chemin est notre chemin.
> C'est un fier poste que ton grade!
> Porte-drapeau, mon camarade,
> Tu tiens la France dans ta main.

---

65. — **Pour les pauvres.**

Donnez, riches! l'aumône est sœur de la prière [1].
Hélas! quand un vieillard sur votre seuil de pierre [2],
Tout roidi par l'hiver [3], en vain tombe à genoux;
Quand les petits enfants, les mains de froid rougies,
Ramassent sous vos pieds les miettes des orgies [4],
La face du Seigneur se détourne de vous.

Donnez, afin que Dieu, qui dote [5] les familles,
Donne à vos fils la force et la grâce à vos filles;
Afin que votre vigne ait toujours un doux fruit,
Afin qu'un blé plus mûr fasse plier vos granges [6];
Afin d'être meilleurs, afin de voir les anges [7]
    Passer dans vos rêves la nuit.

Donnez! il vient un jour où la terre nous laisse [8] :
Vos aumônes là-haut vous font une richesse [9].

Donnez afin qu'on dise : « Il a pitié de nous ! »
Afin que l'indigent que glacent les tempêtes,
Que le pauvre qui souffre à côté de vos fêtes,
Au seuil de vos palais [10] fixe un œil moins jaloux.

Donnez, pour être aimés du Dieu qui se fit homme [11],
Pour que le méchant même en s'inclinant vous nomme,
Pour que votre foyer soit calme et fraternel [12].
Donnez, afin qu'un jour, à votre heure dernière,
Contre tous vos péchés vous ayez la prière
D'un mendiant puissant au ciel [13].

V. Hugo.

1. *L'aumône est sœur de la prière.* Cela veut dire que la prière et l'aumône sont inséparables. Cependant, si l'une peut aller sans l'autre, il va sans dire que c'est l'aumône. Un autre poète l'a dit :

> Joindre les mains, c'est bien ; mais les ouvrir, c'est mieux.

2. *Seuil de pierre,* perron.
3. *Tout roidi par l'hiver.* Le froid engourdit les membres et paralyse leurs mouvements.
4. *Les miettes des orgies,* le peu qui reste de vos débauches de table.
5. *Doter,* c'est pourvoir d'une dot un fils ou une fille qui se marie. Ici Dieu est considéré comme le père de famille par excellence : ce qu'il donne aux enfants du riche, ce n'est pas la fortune, mais des biens plus précieux, la vigueur et les agréments du corps, sans compter les qualités de l'esprit et du cœur.
6. *Fasse plier vos granges,* sous le poids des gerbes, y entasse une moisson abondante.
7. *Afin de voir les anges...* Le sommeil de l'homme charitable est calme, et ses songes sont riants.
8. *Où la terre nous laisse,* où nous quittons la terre et les biens terrestres.
9. *Vos aumônes là-haut vous font une richesse.* Plus on donne ici-bas, plus on s'enrichit là-haut. Retenez ce vers du même poète :

> Qui donne aux pauvres, prête à Dieu.

10. *Au seuil de vos palais,* sur les portes de vos opulentes demeures.

11. *Du Dieu qui se fit homme,* du Christ qui dépouilla sa divinité pour vivre au milieu des hommes.

12. *Fraternel,* où les membres de la famille vivent en frères, sans jalousie, sans querelle, sans haine.

13. *Afin qu'un jour...* afin que vos péchés soient contre-balancés, compensés, rachetés par la prière d'un mendiant puissant au ciel.

Nous ne pouvions mieux clore ce recueil que par cette belle exhortation à la charité. Elle s'adresse aux riches d'abord, mais aussi à tous ceux qui peuvent disposer de quelque superflu. Si humble que soit notre condition, il y a toujours au-dessous de nous des créatures plus nécessiteuses. Et si nous ne pouvons les soulager de notre bourse, donnons-leur un morceau de pain, offrons-leur un asile sous notre toit, assis-tons-les par notre travail, aidons-les de nos conseils, en un mot, faisons tout ce qui est en notre pouvoir pour alléger leur misère et consoler leurs peines.

DEUXIÈME PARTIE

1. — La pendule.

Un enfant, affligé d'une paresse extrême,
    Sur ses cahiers se lamentait.
La classe allait sonner : c'était l'heure du thème,
    Et le thème n'était pas fait.
Croyant tromper le maître (il se trompait lui-même),
    Il conçut un plan merveilleux,
    Et notre jeune paresseux
    De la pendule paternelle
    Arrêta l'aiguille, espérant,
      L'ignorant,
A son gré désormais fixer l'heure cruelle.
Mais l'horloge soudain : « Tu t'es mépris, dit-elle ;
En vain tu veux hâter ou retarder mes pas,
Tu n'arrêteras point, dans sa course éternelle,
Le temps qui fuit rapide et qui ne revient pas. »

LACHAMBAUDIE.

2. — La soupe.

Voici l'automne : la matinée est fraîche. Pierre, Babet et Jeannot vont ramasser les feuilles mortes, qui serviront de litière à Riquette, la chèvre, et à Roussotte, la vache. Pierre a pris sa hotte, Babet a pris son sac, et Jeannot les suit avec sa brouette. Ils ont descendu la côte en courant. Ce n'est point un jeu, c'est un travail.

Mais ne croyez pas que ces enfants soient tristes parce qu'ils travaillent. Le travail est sérieux, il n'est pas triste. Bien souvent on l'imite pour jouer, et les amusements des enfants reproduisent la plupart du temps les ouvrages des grandes personnes.

Voilà les enfants à l'œuvre. Cependant le soleil qui monte réchauffe doucement la campagne. Des toits du hameau s'élèvent des fumées légères comme des haleines. Les enfants savent ce que disent ces fumées. Elles disent que la soupe aux pois cuit dans la marmite. Encore une

brassée de feuilles mortes, et les petits ouvriers prendront la route du village.

La montée est rude. Courbés sous le sac ou penchés sur la brouette, ils ont chaud, et la sueur leur monte au front. Pierre, Babet et Jeannot s'arrêtent pour respirer. Mais la pensée de la soupe aux pois soutient leur courage. Poussant et soufflant, ils arrivent enfin. Leur mère, qui les attend sur le pas de la porte, leur crie de loin : « Allons, les enfants, la soupe est trempée. »

Nos amis la trouveront excellente. Il n'est si bonne
soupe que celle qu'on a gagnée.

A. FRANCE.

3. — La toile d'araignée.

Une mouche, n'ayant rien à faire, musait
Des travaux de l'abeille à ceux de l'araignée,
Et, volant de la ruche à la toile, disait :
« L'œuvre de dame abeille est à coup sûr soignée,
La cellule est bien faite et le miel excellent ;
    Mais, à comparer le talent,
Avec quel art étrange et quelle patience
L'araignée (et notez que d'elle on ne dit rien)
Trame seule son œuvre et l'achève en silence !
Admire-t-on assez ce vol aérien ?
L'abeille use des fleurs : c'est son secours extrême ;
    L'autre tire tout d'elle-même.
Et puis quel beau travail ! C'est fait comme au compas.
Voyez-la conduisant son fil certain, solide,
Si léger cependant, si menu, si fluide,
Qu'à peine on peut le voir si l'on n'approche pas ! »
Or, comme elle approchait de la toile perverse,
    Et tandis qu'elle pérorait,
L'araignée assassin la jette à la renverse,
Et la prend justement aux fils qu'elle admirait.
Ce qu'elle aurait dû voir, c'est le miel dans la ruche,
    Et dans la toile, c'est l'embûche.

RATISBONNE.

4. — La vache du pauvre.

Il n'y avait plus d'argent à la maison : il fallait vendre
la vache pour s'en procurer. Ceux-là seuls qui ont vécu à
la campagne savent ce qu'il y a de douleur dans ces trois
mots : « vendre la vache ». Pour l'habitant des villes, la

vache, c'est la source du café au lait et du fromage à la crème ; mais, pour le paysan, c'est bien plus et bien mieux encore. Si pauvre qu'il soit et si nombreuse que soit sa famille, il est assuré de ne pas souffrir de la faim, tant qu'il a une vache dans son étable. Avec une simple longe, un enfant promène la vache le long des chemins herbus, là où la pâture n'appartient à personne ; et le soir, la famille entière a du beurre dans sa soupe et du lait pour mouiller ses pommes de terre. Le père, la mère, les enfants, les grands comme les petits, tout le monde vit de la vache.

Nous vivions si bien de la nôtre, ma mère et moi, que jusqu'à ce moment je n'avais presque jamais mangé de viande. Mais ce n'était pas seulement notre nourrice qu'elle était, c'était encore notre camarade, notre amie. Nous la caressions, nous lui parlions ; elle nous comprenait, et avec ses grands yeux ronds, pleins de douceur, elle savait très bien nous faire entendre ce qu'elle voulait et ce qu'elle ressentait. Enfin nous l'aimions, et elle nous aimait, ce qui est tout dire. Et pourtant il fallait s'en séparer.

H. Malot.

5. — Le dimanche.

L'école est loin, parfois à quatre kilomètres.
Pourtant l'on voit partir tous ces chers petits êtres
Le matin par des temps de neige et de verglas.
Les chemins sont mauvais. On grelotte, on est las,
On souffle dans ses doigts à cause de l'onglée ;
Mais on est des enfants à la mine éveillée...
Puis le dimanche vient. Près du vaste foyer
On s'assied, regardant les bûches flamboyer.
L'aïeule vénérable a mis sa coiffe blanche.
Dans la chaude maison tout est bonheur et paix.
On sommeille à demi, les enfants sont muets,
Quand le père à l'aîné dit : « Petit, c'est dimanche :

Si tu prenais un livre et si tu nous lisais ! »
Et l'enfant de huit ans commence la lecture.
Sa voix parle de Dieu, du ciel, de la nature.
Il attendrit sa mère, et voit dans tous les yeux

Une larme d'orgueil éclairant un sourire :
« Si petit, comme il cause ! » On l'écoute, on l'admire ;
Et lui, le cher enfant, se sent fier et joyeux :
Il enseigne, il bénit, il console... Il sait lire.

P. FOUCHER.

6. — Les diamants.

Un souverain d'Orient, voulant choisir un ministre à
la fois honnête et habile, fit venir les cinq personnages
de sa cour qui passaient pour avoir le plus d'esprit : « Je
vous ai rassemblés, leur dit-il, pour entendre la vérité de
votre bouche. Vous voyez ces cinq superbes diamants ;
ils seront la récompense de votre sincérité. Parlez : que
pensez-vous de ma puissance et de ma gloire ? » Quatre

s'empressèrent successivement de répondre. Ils exaltèrent à l'envi les vertus du souverain, et finirent par l'élever si haut, qu'ils n'auraient plus trouvé d'expressions nouvelles pour parler de Dieu même. « Fort bien ! » leur dit le prince ; et il leur donna à chacun un diamant.

Puis, s'adressant au cinquième : « Et toi, pourquoi gardes-tu le silence ? Dis-moi aussi, je le veux, ce que tu penses de ma puissance et de ma gloire. — Je pense que votre puissance est un dépôt que Dieu vous a confié pour le bonheur de vos peuples et dont il vous demandera un compte rigoureux ; je pense que votre gloire sera fausse et périssable, si vous la faites consister dans les divertissements et dans les conquêtes, et non dans le sévère accomplissement de vos devoirs. » Le roi répondit : « Je ne te donne pas le cinquième diamant, mais ma confiance et mon amitié. Tu es le conseiller que je cherchais. »

Le lendemain, les quatre autres revinrent dire au roi que ses diamants étaient faux. « Eh quoi ! répondit-il en riant, croyez-vous que je ne le savais pas ? Vous me donnez de fausses louanges, je vous donne de faux diamants : de quoi vous plaignez-vous ? »

BLANCHARD.

---

7. — Le léopard et l'écureuil.

Un écureuil sautant, gambadant sur un chêne,
Manqua sa branche et vint, par un triste hasard,
    Tomber sur un vieux léopard
    Qui faisait sa méridienne.
Vous jugez s'il eut peur ! En sursaut s'éveillant,
    L'animal irrité se dresse,
    Et l'écureuil, s'agenouillant,
Tremble et se fait petit aux pieds de son altesse.
    Après l'avoir considéré,
Le léopard lui dit : « Je te donne la vie ;
Mais à condition que de toi je saurai
Pourquoi cette gaîté, ce bonheur que j'envie,

Embellissent les jours, ne le quittent jamais,
  Tandis que moi, roi des forêts,
  Je suis si triste, et je m'ennuie.
  — Sire, lui répond l'écureuil,
  Je dois à votre bon accueil
  La vérité ; mais, pour la dire,
Sur cet arbre un peu haut je voudrais être assis.
  — Soit, j'y consens ; monte. — J'y suis.
  A présent je peux vous instruire :
  Mon grand secret pour être heureux,
  C'est de vivre dans l'innocence.
L'ignorance du mal fait toute ma science ;
Mon cœur est toujours pur ; cela rend bien joyeux.
Vous ne connaissez pas la volupté suprême
De dormir sans remords ; vous mangez des chevreuils,
Tandis que je partage à tous les écureuils
Mes feuilles et mes fruits ; vous haïssez, et j'aime :
Tout est dans ces deux mots. Soyez bien convaincu
De cette vérité que je tiens de mon père :
Lorsque notre bonheur nous vient de la vertu,
La gaîté vient bientôt de notre caractère. »

FLORIAN.

---

8. — Le petit ramoneur.

J'ai faim ; vous qui passez, daignez me secourir.
Voyez : la neige tombe et la terre est glacée ;
J'ai froid : le vent se lève et l'heure est avancée,
  Et je n'ai rien pour me couvrir.

Tandis qu'en vos palais tout flatte votre envie,
A genoux sur le seuil, j'y pleure bien souvent ;
Donnez : peu me suffit ; je ne suis qu'un enfant ;
  Un petit sou me rend la vie.

On m'a dit qu'à Paris je trouverais du pain ;
Plusieurs ont raconté, dans nos forêts lointaines,

Qu'ici le riche aidait le pauvre dans ses peines ;
Eh bien ! moi, je suis pauvre, et je vous tends la main.

Faites-moi gagner mon salaire :
Où me faut-il courir ? Dites, j'y volerai ;
Ma voix tremble de froid : eh bien, je chanterai,
Si mes chansons peuvent vous plaire.

A. GUIRAUD.

9. — Les chiens savants.

On entendit dans la rue un bruit de vielle et de tambourin. Henri et Louise s'élancèrent à la fenêtre, en criant : « Mère, viens donc voir ! » C'étaient un homme et une femme qui faisaient danser des chiens habillés.

L'accoutrement des chiens était si comique, que les enfants partirent d'un éclat de rire. L'un de ces animaux était vêtu en militaire, avec un grand habit rouge, des épaulettes et un long plumet ; un autre était costumé en dame, et sa longue queue en trompette sortait de dessous sa robe. Le maître jouait de la vielle, la femme jouait du tambourin, et les chiens dansaient au son des instruments.

Les passants s'arrêtaient pour regarder, et tout le monde riait, riait ! Seule la mère des enfants ne riait pas : elle paraissait même regarder assez tristement ce spectacle. « Qu'as-tu donc ? demanda Louise : est-ce que ces chiens ne t'amusent pas? — Ils s'amusent si peu eux-mêmes! répondit la mère. — Comment? dit Henri étonné. — Mais vois-les retomber à chaque instant sur les pattes de devant. Vois le maître leur donner des coups de fouet pour les faire relever et sautiller de force. — C'est vrai, dit Louise. — Mais aussi, reprit Henri, pourquoi ces chiens ne veulent-ils pas prendre plaisir à danser? N'est-ce pas, Louise, que nous sommes bien contents, nous, lorsqu'on nous fait danser tous deux au son du violon?

» — Chers enfants, répondit la mère, vous êtes contents, parce que vous dansez quand vous le voulez bien, et pas plus longtemps qu'il ne vous plaît. Mais ces pauvres animaux, on les oblige à danser malgré eux tous les jours, du matin au soir; et ils en sont d'autant plus malheureux que ce n'est pas du tout à cela que Dieu les a destinés. »

Mme PAPE-CARPANTIER.

---

10. — Le maître.

Petit enfants au cœur bien né,
Aimez-le tous comme il vous aime,
Ce maître qui vous a donné
La meilleure part de lui-même.

C'est pour vous que, chaque matin,
En hiver sa lampe s'allume
Tandis que sur la molle plume
Repose le peuple enfantin.

Si dans sa maison solitaire
Dont le travail exclut l'ennui,
Sa jeune femme et son vieux père
Soupirent souvent après lui;

Si ses garçons le trouvent rude,
Cet homme si tendre et si doux,
Et s'ils ont perdu l'habitude
De chevaucher sur ses genoux;

S'il s'est privé de tant de joie
Que le Seigneur nous donne à tous,
Si le sacrifice est sa voie,
O chers écoliers, c'est pour vous.

Aimez-le donc comme il vous aime,
Petits enfants au cœur bien né,
Ce maître qui vous a donné
La meilleure part de lui-même.

H. DURAND

11. — Ma grand'mère.

Après avoir élevé treize enfants, deux fois veuve, et
ayant bien gagné, au terme d'une vie si laborieuse et si
méritante, le repos de ses derniers jours, ma grand'mère
s'était retirée auprès de mon père, le plus jeune de ses
fils, et là elle recommençait avec ses petits-enfants ce
qu'elle avait déjà fait avec ses enfants. Je la vois encore
avec son modeste costume du pays, qu'elle ne voulut
jamais quitter, sa taille légèrement courbée, sa démarche
mesurée. L'aîné de mes frères, elle m'avait en particulière
affection, et je le lui rendais : elle avait fait de moi son
petit compagnon, et je ne la quittais guère. Le soir, par
exemple, aux longues veillées de l'hiver, près du foyer, la
quenouille en main, elle me faisait asseoir près d'elle. Le
printemps venu, et par les beaux jours qu'il amenait, elle
m'associait aux visites qu'elle faisait à mes oncles, à mes

tantes et à quelques amis, et alors, tout en cheminant
par ces sentiers fleuris que nous parcourions ensemble le
plus souvent à pied, elle me donnait cette éducation de
peu de mots, mais de beaucoup d'action, qui est la plus
profonde et la plus durable de toutes.

DAMIRON.

12. — Le cheval et l'âne.

En ce monde il se faut l'un l'autre secourir :
    Si ton voisin vient à mourir,

    C'est sur toi que le fardeau tombe.
Un âne accompagnait un cheval peu courtois,
Celui-ci ne portant que son simple harnois,
Et le pauvre baudet si chargé qu'il succombe.
Il pria le cheval de l'aider quelque peu ;
Autrement il mourrait devant qu'être à la ville.
« La prière, dit-il, n'en est pas incivile :
Moitié de ce fardeau ne vous sera que jeu. »

Le cheval refusa, fit une pétarade ;
Tant qu'il vit sous le faix mourir son camarade,
    Et reconnut qu'il avait tort.
    Du baudet, en cette aventure,
    On lui fit porter la voiture,
    Et la peau par-dessus encor.

La Fontaine.

13. — Les noix.

Une reine d'Égypte, ayant un grand nombre de singes, se mit en tête de composer une espèce de sénat. La chose fut exécutée. Elle leur fit faire de longues robes qui traînaient jusqu'à terre, et de grands chapeaux qui leur ombrageaient toute la tête ; puis elle invita tous les grands de la cour à venir jouir de ce spectacle.

Dans leur superbe équipage, les vénérables sénateurs s'avancent fièrement dans la salle de l'audience comme des satrapes. Ils prennent un air grave, ils lèvent leurs sourcils, et vont chacun à la place qu'on leur avait marquée : on aurait dit qu'ils n'avaient fait autre chose toute leur vie. Ceux qui entraient sans savoir l'affaire étaient d'abord dans l'étonnement ; mais bientôt les rires succédaient à la surprise.

La farce avait été bien jouée jusque-là ; mais voici un incident qui dérangea tout. Un enfant, qui se trouvait présent, laissa tomber par hasard quelques noix des plis de sa robe. Les singes alors oublient leur dignité de sénateurs ; ils s'élancent tout d'un coup de leurs sièges, jettent de tous côtés leurs robes qui les embarrassaient, et sautent avec précipitation sur une proie qui leur était si connue. Chacun saisit la sienne, la casse avec adresse, et la mange aux yeux des spectateurs.

Quelle est la conclusion à tirer de cette anecdote ? C'est que les animaux, même les mieux dressés, reviennent à leurs instincts, à leurs penchants naturels, quand une circonstance fortuite les y invite. Un poète l'a dit,

    Chassez le naturel, il revient au galop.

L'homme seul peut triompher de ses inclinations, parce qu'il a reçu en partage la raison et la conscience de ses actes.

LEBEAU.

14. — L'épi stérile et le tonneau vide.

I

Tandis que ces épis, qu'on coupera bientôt,
  Inclinent leurs fronts vers la terre,
D'où vient que celui-ci s'élève encor si haut?
— C'est qu'il n'a pas de grain dans sa tête légère.

II

Ce tonneau, qu'au pressoir le vigneron conduit
  En le poussant d'un pied rapide,
  Pourquoi donc fait-il tant de bruit!
  — Mon bon ami, c'est qu'il est vide.

BOURGUIN.

15. — Les vases du Japon.

Un empereur du Japon avait rassemblé dans son palais vingt vases de porcelaine, les plus beaux qui fussent alors dans tout son empire.

Or il arriva qu'un de ses officiers en brisa un par mégarde. Le prince entra dans une violente colère et ordonna que le coupable fût mis à mort.

Le lendemain, au moment où la sentence allait être exécutée, un vieux brahmane, qui marchait péniblement à l'aide d'un bâton, se présenta dans le palais. « Seigneur, dit-il, je possède un secret pour réparer le vase brisé. Faites-moi conduire dans la salle où se trouve votre riche collection. »

Sa demande est exaucée. Mais à peine est-il en présence des dix-neuf vases qui restaient, que d'un coup violent de son bâton il les renverse tous sur le sol, où ils se brisent en mille pièces. « Misérable, qu'as-tu fait? s'écrie l'empereur, saisi d'indignation. — J'ai fait mon

devoir, répond tranquillement le brahmane. Chacun de ces vases aurait pu coûter la vie à un de vos sujets. Qu'il vous suffise de prendre la mienne. »

Le prince fut frappé de la sagesse de ces paroles et de la fermeté avec laquelle elles avaient été prononcées : « Vieillard, dit-il, tu as raison; tous les vases dorés sont moins précieux que la vie d'une créature humaine. » Et il fit grâce tout à la fois au maladroit officier et au courageux brahmane.

BLANCHET.

———

6.

16. — **Le roi et le courtisan.**

Possesseur d'un trésor immense,
    Mais plus riche encore en vertus,
Un monarque persan, émule de Titus,
Signalait chaque jour son auguste puissance
    Par mille traits de bienfaisance.
Instruit, dans son conseil, qu'un mal contagieux
De ses États alors ravageait la frontière,
Il y vole soudain, veut voir tout par ses yeux.
Sa première visite est pour l'humble chaumière.
Combien d'infortunés il arrache au trépas !
Soulager le malheur est son unique affaire ;
Il croit n'avoir rien fait tant qu'il lui reste à faire.
Aussi, comme on bénit la trace de ses pas !
Au milieu de la nuit le roi veillait encore :
« Reposez-vous enfin, seigneur, il en est temps,
    Lui dit un de ses courtisans.
    Demain, au lever de l'aurore,
Vous reviendrez... — Non pas, répond le souverain.
Ne différons jamais d'obliger le prochain ;
Car on n'a pas toujours occasion pareille.
    Le bien que l'on a fait la veille
    Fait le bonheur du lendemain. »

Le Bailly.

---

17. — **Le sifflet.**

Franklin avait six ans lorsqu'il lui arriva une petite
aventure qui devait exercer une grande influence sur toute
sa vie. Un jour de fête, il avait quelque monnaie dans sa
poche, et il allait acheter des jouets d'enfants. Sur son
chemin, il rencontra un petit garçon qui avait un sifflet
et qui en tirait des sons dont le bruit le charma. Il offrit
tout ce qu'il avait d'argent pour acquérir ce sifflet dont
il avait envie. Le marché fut accepté, et, dès qu'il en fut
devenu le joyeux possesseur, il rentra chez lui en sifflant

de manière à étourdir toute la maison. Ses frères et ses
sœurs lui ayant demandé combien il avait payé cet incom-
mode amusement, il leur répondit qu'il avait donné tout
ce qu'il avait dans sa poche. Ils se récrièrent en lui
disant que ce sifflet valait dix fois moins, et ils énumérè-
rent malicieusement tous les jolis objets qu'il aurait pu
acheter avec le surplus de sa monnaie. Il devint alors
tout pensif, et le regret qu'il éprouva dissipa tout son
plaisir. Il se promit bien, lorsqu'il souhaiterait vivement
quelque chose, de savoir auparavant combien cela valait,
et de résister à ses entraînements par le souvenir du
sifflet.

« Défiez-vous des petites dépenses, disait-il souvent.
Il ne faut qu'une petite fente pour couler à fond un grand
navire. Si vous achetez ce qui est inutile, vous vendrez
bientôt ce qui est nécessaire. »

Mignet.

18. — Le petit Franz.

Le petit Franz me dit, l'œil plein de rêverie,
Comme je le faisais sauter sur mes genoux :
« Père, explique-moi donc ce qu'est cette patrie
Dont on entend parler à chaque instant chez nous !
— Oh ! la patrie, enfant, c'est d'abord, à ton âge,
Peu de chose vraiment : c'est moi, c'est mon amour,
C'est ta mère, tes sœurs, ton aïeul, le village,
La maison ou la chambre où tu reçus le jour...
Mais, lorsqu'un peu plus tard cette tête si folle
Saura, mon bon chéri, quelque peu se tenir,
Alors on t'apprendra, sur les bancs de l'école,
Ce qu'ont mis nos anciens de temps pour réunir
Tous ces morceaux divers qui forment notre France,
Et qu'il fallut gagner pied à pied, brin à brin,
Des rivages bretons aux vieux ports de Provence
Et des monts du Béarn jusques aux bords du Rhin.
Tu comprendras, devant ce trésor, d'âge en âge

Grossi par nos aïeux sans cesse triomphants,
Que, pour tous, la patrie est le saint héritage
Que les pères mourants doivent à leurs enfants.
Et plus tard, la patrie est encor davantage :
C'est le droit de choisir librement tes amours,
De travailler pour faire à ton tour un ménage,
Et de construire un nid pour abriter tes jours...
C'est la sécurité de ta jeune famille ;
C'est la place au soleil pour tous ceux de ton clan ;
Le savoir pour ton fils et l'honneur pour ta fille,
Et le respect de tous pour ta mère au front blanc.
Quand pour moi sonnera l'heure grave et sévère,
C'est le droit, ô mon fils, de me fermer les yeux,
Et puis de faire ainsi que j'ai fait pour mon père,
De déposer mon corps près du corps des aïeux. »
Le petit Franz leva sa figure attendrie,
Et fixant sur mes yeux ses yeux profonds et doux :
« O père, me dit-il, que c'est beau, la patrie !
Je comprends maintenant qu'on l'aime tant chez nous. »

E. Siebecker.

---

19. — Le muet.

Un portefaix, ayant sur ses épaules un énorme fagot, traversait la place la plus fréquentée de la ville. Comme il ne voulait heurter personne, il avertissait à grands cris tous ceux qu'il trouvait sur son passage.

Un jeune élégant ne tint pas compte de l'avertissement, et fut atteint par le fagot ; mais ce qui le désolait surtout, c'est que le choc avait fait un large accroc à son bel habit. Il somma donc le portefaix d'avoir à lui payer le dommage. Celui-ci refusa net. L'altercation se prolongeant, ils furent conduits au tribunal pour y vider le différend.

Le juge, après avoir écouté le plaignant, demanda au portefaix ce qu'il avait à répondre ; mais notre homme resta bouche close. Les questions se renouvelèrent ; on ne put lui arracher une parole.

Alors le juge, se tournant vers le jeune muscadin :
« Cet homme est muet, dit-il. Que voulez-vous que la
justice y fasse? — Muet! s'écria le plaignant, rouge de
colère. N'en croyez rien, monsieur. Il y a une demi-heure,
vous auriez pu, comme moi, l'entendre crier à tue-tête :
« Gare de là! Gare devant! » — Quoi! reprit le juge, il
criait gare; vous l'avez entendu, et vous ne vous êtes pas
garé! Retirez-vous, mon ami; vous n'avez eu, vous et
votre habit, que ce que vous méritiez.

LEBEAU.

20. — Monsieur Printemps.

Monsieur Printemps est un vieil homme
Toujours pimpant, frais et dispos,

Qui porte un bel habit vert-pomme,
Et qui n'est jamais en repos.
Il met le nez à la fenêtre,
Lorsque revient le mois d'avril,

Et dit tout haut : « Quel temps fait-il?
Voilà le moment de paraître. »
Monsieur Printemps, monsieur Printemps,
Revenez-nous, et pour longtemps !

Voici que la rosée en perles
Brille partout sur les gazons ;
Dans les bois où sifflent les merles,
Les feuilles ouvrent leurs prisons ;
Les oisillons font des aubades,
Et disent bonjour au soleil
En criant : « Voilà le réveil !
Rions, chantons, mes camarades ! »
Monsieur Printemps, monsieur Printemps,
Revenez-nous, et pour longtemps !

Voici monsieur Printemps qui bouge :
Qu'il est gai, qu'il a l'air ouvert !
Que son gilet de velours rouge
Va bien avec son habit vert !
Ses mains sont pleines de fleurettes
Qu'il accroche à tous les halliers ;
Au lieu de clous à ses souliers,
Il a de blanches pâquerettes.
Monsieur Printemps, monsieur Printemps,
Revenez-nous, et pour longtemps !

BLANCHEMAIN.

21. — Les pêches.

Un père de famille avait rapporté du marché un panier de pêches magnifiques : il en donna une à chacun de ses trois enfants.

Le soir, à l'heure du coucher, il leur demanda ce qu'ils en avaient fait.

« Moi, dit le premier, j'ai mangé la mienne, et j'en ai planté soigneusement le noyau : s'il plaît à Dieu, il en sortira un arbre qui donnera, je l'espère, beaucoup de fruits pareils.

— C'est bien, mon fils, dit le père : il est bon d'être économe et de penser à l'avenir.

— Moi, dit le second, je n'ai pas fait comme mon frère. Ayant rencontré quelqu'un à qui ma pêche faisait envie, je la lui ai vendue : avec l'argent qu'il m'en a donné, je pourrai en acheter une demi-douzaine d'autres tout aussi belles.

— Hum ! dit le père en hochant la tête, voilà qui promet un habile commerçant ; mais, à te parler franchement, je suis fâché de te voir si bien calculer à ton âge.

— Au moment de manger ma pêche, dit le troisième, je me suis souvenu d'un de mes camarades d'école qu'une chute retient au lit depuis huit jours ; j'ai pensé qu'elle lui serait plus agréable qu'à moi, et je la lui ai portée.

— Bravo, mon enfant ! S'il est bon de songer à soi, il vaut encore mieux s'oublier pour les autres. »

En parlant ainsi, le père embrassa tendrement son troisième fils, sans que les deux autres s'en montrassent étonnés ou jaloux. MARMIER.

---

22. — L'âne et le petit chien.

Ne forçons point notre talent :
Nous ne ferions rien avec grâce ;
Jamais un lourdaud, quoi qu'il fasse,
Ne saurait passer pour galant.
Peu de gens, que le ciel chérit et gratifie,
Ont le don d'agréer infus avec la vie.
C'est un point qu'il leur faut laisser,
Et ne pas ressembler à l'âne de la fable,
Qui pour se rendre plus aimable
Et plus cher à son maître, alla le caresser
« Comment ! disait-il en son âme,
Ce chien, parce qu'il est mignon,
Vivra de pair à compagnon

Avec monsieur, avec madame,
Et j'aurai des coups de bâton !
Que fait-il ? il donne la patte ;
Puis aussitôt il est baisé ;
S'il en faut faire autant afin que l'on me flatte,
Cela n'est pas bien malaisé. »
Dans cette admirable pensée,
Voyant son maître en joie, il s'en vient lourdement,
Lève une corne tout usée,
La lui porte au menton fort amoureusement,
Non sans accompagner, pour plus grand ornement,
De son chant gracieux cette action hardie.
« Oh ! oh ! quelle caresse et quelle mélodie !
Dit le maître aussitôt. Holà, Martin-bâton ! »
Martin-bâton accourt : l'âne change de ton.
Ainsi finit la comédie.

La Fontaine.

23. — Les marrons.

Un paysan traversait souvent notre faubourg avec un âne chargé de fruits, et s'arrêtait vis-à-vis de notre maison. Groupés devant l'âne, nous regardions son fardeau avec des yeux d'envie.

Un jour, la tentation fut trop forte. L'âne portait un sac dont les déchirures laissaient voir de beaux marrons lustrés, qui avaient l'air de se mettre à la fenêtre pour provoquer notre gourmandise. Les plus hardis se les montraient de l'œil, et l'un d'eux proposa d'élargir l'ouverture. On mit la chose en délibération ; je fus le seul à m'y opposer. Comme la majorité faisait la loi, on allait passer à l'exécution, lorsque je me jetai devant le sac en criant que personne n'y toucherait. Je voulais donner des raisons à l'appui, mais un coup de poing me ferma la bouche. Je ripostai, et il en résulta une mêlée générale, qui fut mon Waterloo. Accablé par le nombre, j'entraînai dans ma chute le sac que je défendais, et le paysan,

que le bruit du débat avait attiré, me trouva sous les
pieds de l'âne, au milieu des marrons éparpillés. Voyant
mes adversaires s'enfuir, il devina ce qu'ils avaient voulu
faire, me prit pour leur complice, et, sans plus d'éclair-
cissements, se mit à me punir à coups de fouet du vol
que j'avais empêché.

Mes compagnons ne manquèrent pas de railler mes
scrupules si mal récompensés ; mais j'avais la volonté
têtue : au lieu de me décourager, je m'acharnai. J'ai
souvent pensé depuis qu'en me battant, l'homme aux
marrons m'avait rendu, sans le savoir, un service d'ami.
Non seulement il m'avait appris qu'il fallait faire le bien
pour le bien, non pour la récompense ; mais il m'avait
fourni l'occasion de montrer un caractère. Je m'étais
créé, grâce à lui, une réputation que plus tard je voulus
soutenir ; car, si la bonne renommée est une récompense, c'est aussi un stimulant ; le bien qu'on pense sur
notre compte nous oblige le plus souvent à le mériter.

E. Souvestre.

---

24. — Le hérisson.

I

Un hérisson, qu'une tracasserie
Avait forcé de quitter sa patrie,
Dans un grand terrier de lapins
Vint porter sa misanthropie.
Il leur conta ses longs chagrins,
Contre ses ennemis exhala bien sa bile,
Et finit par prier les hôtes souterrains
De vouloir lui donner asile.
« Volontiers, lui dit le doyen :
Nous sommes bonnes gens, nous vivons comme frères,
Et nous ne connaissons ni le tien ni le mien ;
Tout est commun ici : nos plus grandes affaires
Sont d'aller dès l'aube du jour

Brouter le serpolet, jouer sur l'herbe tendre.
Chacun, pendant ce temps, sentinelle à son tour,
Veille sur le chasseur qui pourrait nous surprendre.
S'il l'aperçoit, il frappe; et nous voilà blottis
    Avec nos femmes, nos petits.
    Dans la gaîté, dans la concorde,
Nous coulons les instants que le ciel nous accorde.
Si cela vous convient, demeurez avec nous,
    Et soyez de la colonie.
Sinon, faites l'honneur à notre compagnie
D'accepter à dîner, puis retournez chez vous. »

II

    A ce discours plein de sagesse
Le hérisson repart qu'il sera trop heureux
    De passer ses jours avec eux.
    Alors chaque lapin s'empresse
    D'imiter l'honnête doyen
    Et de lui faire politesse.
    Jusques au soir tout alla bien.
Mais, lorsque après souper la troupe réunie
Se mit à deviser des affaires du temps,
    Le hérisson de ses piquants
Blesse un jeune lapin. « Doucement, je vous prie, »
    Lui dit le père de l'enfant.
    Le hérisson, se retournant,
En pique deux, puis trois, et puis un quatrième.
On murmure, on se fâche, on l'entoure en grondant.
« Messieurs, s'écria-t-il, mon regret est extrême;
Il faut me le passer, je suis ainsi bâti,
    Et je ne puis pas me refondre.
— Ma foi, dit le doyen, en ce cas, mon ami,
    Tu peux aller te faire tondre. »

FLORIAN.

25. — Les deux renards.

Deux renards entrèrent la nuit, par surprise, dans un poulailler : ils étranglèrent le coq, les poules et les poulets ; après ce carnage, ils apaisèrent leur faim.

L'un, qui était jeune et ardent, voulait tout dévorer ; l'autre qui était vieux et avare, voulait garder quelque provision pour l'avenir.

Le vieux disait : « Mon enfant, l'expérience m'a rendu sage : j'ai vu bien des choses depuis que je suis au monde. Ne mangeons pas tout notre bien en un seul jour. Nous avons fait fortune ; c'est un trésor que nous avons trouvé, il faut le ménager. »

Le jeune répondit : « Je veux tout manger, pendant que j'y suis, et me rassasier pour huit jours : car, pour ce qui est de revenir ici, chansons ! il n'y fera pas bon demain : le maître, pour venger la mort de ses poulets, nous assommerait. »

Après cette conversation, chacun prend son parti : le jeune mange tant, qu'il se crève et peut à peine aller mourir dans son terrier ; le vieux, qui se croit bien plus sage de modérer ses appétits et de vivre d'économie, retourne le lendemain à sa proie, et est assommé par le maître.

Ainsi chaque âge a ses défauts : les jeunes gens sont fougueux et insatiables dans leurs plaisirs ; les vieux sont incorrigibles dans leur avarice.

Fénelon.

26. — Le berger et son troupeau.

« Quoi ! toujours il me manquera
Quelqu'un de ce peuple imbécile !
Toujours le loup m'en gobera !
J'aurai beau les compter : ils étaient plus de mille,
Et m'ont laissé ravir notre pauvre Robin !

Robin Mouton, qui par la ville
     Me suivait pour un peu de pain,
Et qui m'aurait suivi jusques au bout du monde !
Hélas ! de ma musette il entendait le son ;
Il me sentait venir de cent pas à la ronde.
     Ah ! le pauvre Robin Mouton ! »
Quand Guillot eut fini cette oraison funèbre,
Et rendu de Robin la mémoire célèbre,
     Il harangua tout le troupeau,
Les chefs, la multitude, et jusqu'au moindre agneau,
     Les conjurant de tenir ferme :
Cela seul suffirait pour écarter les loups.
Foi de peuple d'honneur, ils lui promirent tous
     De ne bouger non plus qu'un terme.
« Nous voulons, dirent-ils, étouffer le glouton
     Qui nous a pris Robin Mouton. »
     Chacun en répond sur sa tête.
     Guillot les crut et leur fit fête.
     Cependant, devant qu'il fût nuit,
     Il arriva nouvel encombre :
Un loup parut ; tout le troupeau s'enfuit.
Ce n'était pas un loup, ce n'en était que l'ombre.
     Haranguez de méchants soldats :
     Ils promettront de faire rage.
Mais, au moindre danger, adieu tout leur courage ;
Votre exemple et vos cris ne les retiendront pas.

La Fontaine.

---

27. — Don Quichotte et les moulins à vent.

Don Quichotte aperçut un jour trente ou quarante
moulins à vent. Regardant alors son écuyer : « Ami, dit-
il, la fortune vient au-devant de nos souhaits. Vois-tu
là-bas ces géants terribles ? Ils sont plus de trente : n'im-
porte, je vais attaquer ces fiers ennemis de Dieu et des
hommes. Leurs dépouilles commenceront à nous enrichir.
— Quels géants ? répondit Sancho. — Ceux que tu vois

avec ces grands bras qui ont peut-être deux lieues de long. — Mais, monsieur, prenez-y garde, ce sont des moulins à vent, et ce qui vous semble des bras n'est autre chose

que leurs ailes. — Ah! mon pauvre ami, on voit bien que tu n'es pas encore expert en aventures. Ce sont des géants; je m'y connais. Si tu as peur, éloigne-toi; va quelque part te mettre en prière, tandis que j'entreprendrai cet inégal et dangereux combat. »

En disant ces paroles, il pique des deux, sans écouter le pauvre Sancho. « Attendez-moi, disait-il, attendez-moi, lâches brigands ; un seul chevalier vous attaque. » A l'instant même, un peu de vent s'éleva, et les ailes des moulins se mirent à tourner. « Oh ! vous avez beau faire, ajouta don Quichotte ; quand vous remueriez plus de bras que le géant Briarée, vous n'en serez pas moins punis. » Il dit, embrasse son écu, et tombe, la lance en arrêt, sur l'aile du premier moulin, qui l'enlève, lui et son cheval, et les jette à vingt pas l'un de l'autre.

Sancho s'empressait d'accourir au plus grand trot de son âne. Il eut de la peine à relever son maître, tant la chute avait été lourde. « Eh ! Dieu me soit en aide, dit-il, je vous crie depuis une heure que ce sont des moulins à vent. Il faut en avoir d'autres dans la tête pour ne pas le voir tout de suite. — Paix ! paix ! répondit le héros ; c'est dans le métier de la guerre que l'on se voit le plus dépendant des caprices de la fortune, surtout lorsqu'on a pour ennemi un redoutable enchanteur. Je vois bien ce qu'il vient de faire : il a changé les géants en moulins à vent pour me dérober la gloire de les vaincre. Patience ! il faudra bien que mon épée triomphe de sa malice. — Dieu le veuille ! » répondit Sancho en le remettant debout, et courant en faire autant à Rossinante, dont l'épaule était à demi déboîtée.

CERVANTES.

28. — L'horoscope.

I

On dit qu'un jour un certain petit roi
A l'un de ses voisins voulut livrer bataille
Nul n'en sut le motif, ni lui, ni vous, ni moi :
    Bien malin qui dira pourquoi
    Entre princes l'on se chamaille.

Mais ce monarque avant tout désirait
Qu'un beau soleil éclairât sa victoire :
La moindre averse eût compromis sa gloire.
Or, comme au ciel un point noir se montrait,
   Pour se tirer d'inquiétude,
Il consulta, suivant son habitude,
Son astrologue, un vieux savant en *us,*
Digne rival du grand Nostradamus.
Celui-ci donc s'arma de sa lunette.
Après avoir observé longuement
   Tous les recoins du firmament :
« Sire, dit-il, vous pouvez hardiment
Pour le combat emboucher la trompette :
   Le ciel est pur, le temps est beau :
De tout le jour il ne cherra pas d'eau. »
Tandis qu'on applaudit au faiseur d'horoscope,
   Un rustre, qui passait par là,
   Sans se gêner l'interpella :
   « Holà ! monsieur du télescope,
   S'écria-t-il d'un ton bourru,
   Vertuchoux ! vous n'y voyez goutte.
   Je gage, moi, coûte que coûte,
Qu'avant ce soir il pleuvra fort et dru ;
On verra bien. » Point n'est besoin de dire
   Qu'on accueillit par un fou rire
   Le propos de ce malotru.

II

Le clairon sonne, et le combat s'engage.
De çà, de là, durant une heure ou deux
   On s'extermine à qui mieux mieux.
Notre Achille déjà se croit victorieux,
   Quand soudain éclate un orage,
   Et l'eau qui tombe par torrents
   Disperse les belligérants.
   Pendant qu'une assez triste escorte
   En son palais ramène le héros,

Crotté jusqu'à l'échine et trempé jusqu'aux os,
    Le hasard veut qu'il rencontre à sa porte
    Le campagnard qui seul avait prédit
    A point nommé cet ouragan maudit.
    « Quel est, dis-moi, le rare personnage,
L'admirable savant, le devin merveilleux,
    De qui tu tenais ce présage?
    — Sire, excusez... — Allons! parle, je veux
Le fixer à ma cour et l'admettre à ma table.
    — Soit dit entre nous, monseigneur,
    C'est lui faire un peu trop d'honneur.
— Enfin, réponds. — Eh bien, ce savant admirable,
Révérence parler, c'est mon âne Martin.
    — Hein? que dis-tu? — Mon Dieu, oui, ce matin,
    Lorsque j'entrai dans son étable
    Pour lui donner son picotin,
Il a hoché la tête et secoué l'oreille,
    Ce qui voulait dire : il pleuvra.
    Il a plu, ce n'est pas merveille :
Jamais, au grand jamais, Martin ne se trompa.
— Un âne! Mais où va se nicher la science!
    — Pardine! où le bon Dieu la met.
En quoi vous pouvez voir, sire, la différence
    D'un astrologue et d'un baudet :
Le plus âne des deux n'est pas celui qu'on pense. »

A.

---

29. — Le coq et le renard.

On raconte qu'un coq était en train de s'ébattre loin de
la ferme; près de lui vint un renard qui lui adressa de
douces paroles : « Sire, lui dit-il, que vous êtes beau!
Vous avez surtout une voix admirable; jamais oiseau ne
chanta mieux, si ce n'est votre père, que je connus autrefois. Il est vrai qu'il fermait les yeux en chantant. — Oh!
je ne lui suis pas inférieur, » dit le coq, qui bat des ailes

et ferme les yeux pour rendre son chant plus mélodieux. A l'instant, le renard s'élance, le saisit et court vers la forêt. Il passe par un champ, où des chiens de berger se mettent à sa poursuite. Malheur à lui, s'il les laisse approcher! « Va, dit le coq, crie-leur : Ce coq est à moi; vous n'en aurez rien. » Le renard veut parler; mais il lâche le coq, qui s'envole sur le haut d'un arbre. Le renard, stupéfait et confus, s'écrie : « Maudite soit la bouche qui parle quand elle devrait se taire! — Maudit, soit, dit le coq, l'œil qui se ferme quand il devrait veiller! »

ROZAN.

---

30. — **Mon jardin**.

I

Mon jardin n'est qu'un coin de terre
Qu'on peut mesurer en trois pas;
Mais je ne l'échangerais pas
Contre le plus brillant parterre.

Tous les matins, dès le réveil,
J'y cours; je cultive, j'arrose
L'œillet, la verveine, la rose,
Avant les ardeurs du soleil.

Le soir, au retour de l'école,
J'y cours encor, pour observer
Si telle graine a pu lever,
Si tel bouton devient corolle :

Et c'est un grand événement!
Voilà qu'une fleur s'est ouverte;
Voilà qu'une tige encor verte
S'incline et languit tristement!

II

Vite, un peu d'eau ! la sécheresse
L'avait attaquée : à présent,
Sous mon arrosoir bienfaisant,
La jeune plante se redresse.

Quelquefois, un gentil oiseau,
Tandis que j'arrose ou transplante,
Élève sa voix sémillante,
Tout près de moi, sous le berceau.

Il part : je le vois qui voltige
Plus loin, de sillon en sillon ;
Puis, arrive un beau papillon
Qui se pose au bout d'une tige.

Fleur, jardin, papillon, oiseau,
Tout cela me ravit, m'enchante :
Seigneur, que ta main est puissante,
Et que ce monde est riche et beau !

TOURNIER.

31. — Le bourgmestre de Leyde.

En 1574, la ville de Leyde était assiégée par les Espagnols. La famine sévissait : depuis sept semaines on n'avait pas vu de pain. Les feuilles et l'écorce des arbres étaient devenues l'unique nourriture.

A la famine s'ajouta la peste. Sur seize mille habitants, six mille périrent de faim ou de maladie. Cette ville, qui ne semblait plus défendue que par des ombres, se soutenait néanmoins contre les assauts furieux de l'armée ennemie. On les sommait de se rendre, et ils répondaient : « Quand il le faudra, nous mangerons notre main gauche,

en gardant notre main droite pour défendre notre liberté. »

Un jour pourtant, des bandes d'affamés se présentèrent
devant le bourgmestre de Leyde. Elles demandaient, avec
des prières et des menaces, du pain ou la capitulation de

la ville. « J'ai juré de défendre
cette cité, répondit le magistrat,
et, avec l'aide de Dieu, j'espère
tenir mon serment. Du pain, je
n'en ai point; mais, si mon corps
peut vous servir à continuer la
lutte, prenez-le et partagez-le
entre vous. » Les malheureux insurgés se retirèrent en
silence et allèrent reprendre leur poste sur les remparts.

Quelques jours après, les Espagnols, découragés par la
patience de cette héroïque population, se décidaient à
lever le siège.

ESQUIROS.

32. — **Le sergent.**

C'était un vieux soldat des guerres d'Italie,
Un de ceux que la mort pendant trente ans oublie
Et laisse obscurément vieillir sous le galon.
Son crâne, labouré par un sanglant sillon,
N'était plus qu'une plaie, effroyable et béante.
Il râlait, immobile et glacé, sous la tente.
Ses lèvres remuaient ; mais il ne parlait pas.
« Eh bien, comment est-il ? » dis-je au docteur. — Très bas.
Pauvre diable ! il n'a plus cinq minutes à vivre. »
Je m'éloignai. Son œil terne semblait me suivre ;
Mais sa pensée était ailleurs... En ce moment
Retentit au dehors un lointain roulement.
Il tressaille, et ses yeux soudain fondent en larmes ;
Puis, se dressant d'un bond sur le lit, au port d'armes,
Comme s'il entendait le rappel battre encor,
D'une voix claire, il dit : « Présent ! » et tombe mort.

A. Delpit.

---

33. — **Christophe le malin.**

Christophe, fils d'une fermière, est bon garçon, mais un peu simple. Les gens de son village l'appellent par dérision Christophe le malin.

Un jour, sa mère l'envoie à la foire acheter une faux. En revenant, il se met à faire tournoyer cette faux si maladroitement, qu'elle lui échappe des mains, tombe sur un agneau et le tue. « Sot garçon que tu es, lui dit sa mère, pour éviter tout accident, il fallait mettre la faux dans une des voitures de foin que nos voisins ramenaient au village. — Pardonnez-moi, répondit humblement Christophe ; une autre fois, je serai mieux avisé. »

La semaine suivante, elle l'envoie acheter des aiguilles, en lui recommandant bien de ne pas les perdre. « Soyez tranquille, » s'écrie-t-il avec confiance. Le soir, il revient tout triomphant : « Eh bien, Christophe, où sont mes aiguilles ? — Ah ! elles sont en sûreté. En sortant de la boutique du marchand, j'aperçois la voiture de maître Jacques chargée de foin. J'ai mis là les aiguilles. elles sont en sûreté. — Oui, en sûreté, dit la mère, si bien en sûreté, qu'il n'y a plus moyen de les retrouver. Tu aurais dû les piquer dans ton chapeau. — Pardonnez-moi, répond Christophe ; une autre fois je serai mieux avisé. »

La semaine suivante, par une chaude journée, Christophe va chercher à une lieue de distance une petite provision de beurre. Se souvenant des conseils de sa mère, il met le beurre dans son chapeau, et le chapeau sur sa tête. On peut se figurer dans quel état il rentra au logis : le beurre était fondu par la chaleur et coulait sur ses joues.

Sa mère, découragée, n'osait plus lui confier la moindre commission. Cependant un jour elle se détermine encore à l'envoyer au marché pour y vendre une paire de poulets : « Écoute, lui dit-elle ; n'accepte pas le premier prix qu'on t'offrira : attends le second. — Très bien, répond Christophe. » Le voilà sur le marché. Un chaland s'approche : « Voulez-vous trois francs de vos poulets ? — Merci ! ma mère m'a dit de ne pas accepter le premier prix qu'on m'offrirait, mais d'attendre le second. — Elle a grandement raison, votre mère. Eh bien, voici mon second prix : deux francs. — Tôpe là. Il me semble que j'aurais mieux fait d'accepter votre première proposition ; mais, puisque je suis le conseil de ma mère, elle ne peut me blâmer. »

Après cette nouvelle équipée, Christophe fut condamné à rester au logis : il ne fut plus envoyé nulle part, ni pour vendre ni pour acheter.

MARMIER.

34. — **Le distrait.**

Oh! parbleu, si je ris, ce n'est pas sans sujet.
Léandre, ce rêveur, cet homme si distrait,
Vient d'arriver en poste ici couvert de crotte :
Le bon est qu'en courant il a perdu sa botte.
Mais ce n'est rien encore ; et son valet m'a dit
(Je le crois aisément) que le jour qu'il partit
Pour aller voir mourir son oncle en Normandie,
Il suivit le chemin qui mène en Picardie,
Et ne s'aperçut point de sa distraction
Que quand il découvrit les clochers de Noyon...
Hier encore, en mangeant un œuf sur son assiette,
Il prit sans y songer son doigt pour sa mouillette
Et se mordit, morbleu, jusques au sang : je crois
Qu'il n'y retourna pas une seconde fois.
Sortant d'une maison, l'autre jour, par bévue,
Pour son carrosse il prit celui qui dans la rue
Se trouva le premier. Le cocher touche, et croit
Qu'il mène son vrai maître à son logis tout droit.
Léandre arrive, il monte, il va, rien ne l'arrête ;
Il entre en une chambre où la toilette est prête,
Prend la robe de chambre et le bonnet de nuit,
Et bientôt il allait se mettre dans le lit,
Lorsque le maître arrive. Il tempête, il s'emporte,
Le veut faire sortir, mais non pas par la porte,
Quand Léandre étonné se sauva de ce lieu
Tout en robe de chambre, ainsi qu'il plut à Dieu...
C'est un homme étonnant et rare en son espèce ;
Il rêve fort à rien, il s'égare sans cesse ;
Il cherche, il trouve, il brouille, il regarde sans voir.
Quand on lui parle *blanc*, soudain il répond *noir* ;
Il vous dit *non* pour *oui*, *oui* pour *non* ; il appelle
Une femme, *monsieur*, et moi, *mademoiselle* ;
Prend souvent l'un pour l'autre ; il va sans savoir où.
On dit qu'il est distrait ; mais moi, je le tiens fou.

Regnard.

35. — **Un conte de fée.**

Du temps des anciens chevaliers, il y avait en Alsace un géant qui était la terreur du pays. Fier de sa force, il dépouillait et maltraitait sans pitié les voyageurs et ses voisins. Il avait établi sa résidence à l'entrée d'une des vallées des Vosges, et, ayant appris que l'empereur d'Allemagne s'apprêtait à passer le Rhin pour le mettre à la raison, il commença à bâtir sur le sommet de la montagne un château capable de résister à toutes les armées impériales. Il chargeait sur ses épaules des blocs de rocher avec la même aisance qu'un paysan enlève un sac de blé. Il déracinait les sapins dont il avait besoin pour faire ses poutres, comme si c'eût été des tiges de maïs, et en huit jours il eut achevé sa forteresse.

Quand il en eut posé la dernière pierre, il descendit dans la plaine pour juger du coup d'œil, et il s'enfla d'orgueil en considérant les hautes tours dont le profil se dessinait dans les airs : « J'ai bâti pour les siècles, s'écriat-il, et le temps usera ses ongles sur ce que j'ai fait en une semaine. »

Comme il parlait ainsi, il entendit derrière lui un grattement léger. Il se retourna et aperçut un enfant qui faisait un trou dans la terre avec son couteau. — « Que fais-tu là, petit misérable? » dit-il de sa grosse voix. L'enfant, tout tremblant, répondit : « Ayez pitié de moi, monseigneur. Voici un gland que mon père m'a donné, en me disant qu'il pourrait devenir un arbre si je le mettais en terre, et je travaille à mettre ce pauvre gland en état de devenir un arbre. » Le géant haussa les épaules, et retourna vers ses hautes tours en faisant des enjambées de douze pieds.

Il y a de cela cinq cents ans passés, et, à la place où l'enfant creusait avec son couteau, s'élance de terre un chêne gigantesque, le roi de la forêt, dont les branches vigoureuses répandent au loin l'ombre et la fraîcheur. Quant aux tours du géant, il faut se baisser aujourd'hui

pour en retrouver les pierres, perdues dans les brous-
sailles.

La bonté qui sème est plus puissante que la violence
qui remue des montagnes.

J. Macé.

---

36. — Le soldat.

Qui fait le guet, quand tout sommeille ?
Quand tout est en péril, qui veille,
Qui souffre, qui meurt, qui combat ?
    — Le soldat.

O rôle immense, ô tâche sainte !
Marchant sans cris, tombant sans plainte,
Qui travaille à notre rachat ?
    — Le soldat.

Et sur sa tombe obscure et fière,
Pour récompense et pour prière,
Que voudrait-il que l'on gravât ?
    — Un soldat.

Déroulède.

---

37. — Etoiles et chandelles.

Sétoc fit de son esclave Zadig son ami intime. Il ne
pouvait plus se passer de lui. Zadig découvrit dans son
maître un naturel porté au bien, beaucoup de droiture et
de bon sens ; mais il fut fâché de voir qu'il adorait l'armée
céleste, c'est-à-dire le soleil, la lune et les étoiles, selon
l'ancien usage d'Arabie. Il lui en parlait quelquefois avec
beaucoup de discrétion. Enfin il lui dit que c'étaient des
corps comme les autres, qui ne méritaient pas plus son
hommage qu'un arbre ou qu'un rocher. « Mais, disait
Sétoc, ce sont des êtres éternels dont nous tirons tous nos
avantages ; ils animent la nature, ils règlent les saisons.

D'ailleurs les étoiles sont trop brillantes pour que je ne les adore pas. »

Le soir venu, Zadig alluma un grand nombre de flambeaux dans la tente où il devait souper avec Sétoc; et, dès que son patron parut, il se jeta à genoux devant ces

cires allumées, et leur dit : « Eternelles et brillantes clartés, soyez-moi toujours propices! » Ayant proféré ces paroles, il se mit à table sans regarder Sétoc. « Que faites-vous donc? lui dit Sétoc étonné. — Je fais comme vous, répondit Zadig : j'adore ces chandelles, et je néglige leur maître et le mien. » Sétoc comprit le sens profond de cet apologue. La sagesse de son esclave entra dans son âme; il ne prodigua plus son encens aux créatures, et adora l'Etre éternel qui les a faites.

VOLTAIRE.

———

7.

38. — **La chaumière incendiée.**

Fléau rapide et qui dévore,
La bataille a passé par là,
Et la vieille maison brûla ;
Regardez, cela fume encore.

C'était bien sombre et bien petit,
Avec un toit de paille chauve,
Mais abritant sous l'humble alcôve
Un berceau tout près d'un grand lit.

C'était l'abri contre l'orage ;
Là, les enfants avaient grandi ;
L'aïeul se chauffait à midi
Sur le banc qu'une treille ombrage.

L'été sur la porte, et l'hiver
Près du foyer plein de lumière,
Les habitants de la chaumière
Etaient encore heureux hier.

Maintenant, c'est après la guerre,
Après ces Allemands damnés ;
Et ces pans de mur calcinés
Furent cette maison naguère.

L'aïeul aujourd'hui tend la main,
Lui qui, n'étant pourtant pas riche,
Coupait largement dans la miche,
Pour tous les pauvres du chemin.

L'homme travaille dans les fermes,
Et sa femme et ses deux petits
Pleurent dans un affreux taudis,
Dont il ne peut payer les termes.

Le frère, soldat inconnu,
Qu'on a repris pour la campagne,

Du fond de la froide Allemagne
N'est, hélas! jamais revenu.

COPPÉE.

39. — La bourse ou la vie.

Le maréchal de Créqui fut arrêté une nuit par des
voleurs qui lui demandèrent la bourse ou la vie. — « Je
n'ai pas un sou vaillant, leur dit-il; j'ai perdu tout mon
argent au jeu. — Maréchal, répondirent-ils, nous vous
connaissons : engagez-vous sur l'honneur à nous donner
demain trente pistoles, et nous vous laissons la vie
sauve. » Il promit les trente pistoles.

Le lendemain, le chef de la bande se présenta à son
hôtel, et lui rappela sa promesse. Le maréchal ouvrit un
coffret et en tira la somme promise : « Je vais m'ac-
quitter de ma dette, dit-il au visiteur; mais il faut avouer
que tu es bien imprudent. » Et il lui remit les trente
pistoles.

Turenne agit de même dans une circonstance semblable. Et comme ses amis s'étonnaient de sa conduite :
« Pourquoi vous étonner? leur dit-il. Un honnête homme
est esclave de sa parole : il doit remplir ses engagements,
même envers les malhonnêtes gens. »

ASSOLANT.

40. — L'école buissonnière.

I

Trois enfants au babil mutin
S'en allaient un jour à l'école.
Nos écoliers à tête folle
Couraient en se tenant la main,
Riant au papillon qui vole,
Riant aux arbres du chemin.
Tout à coup l'un des trois s'écrie :
« Pourquoi quitter bois et prairie?
Tout ici nous invite au repos, au plaisir :
Reposons-nous, et jouons à loisir.
Voyez! les animaux ne font rien. Pas de classe,
Pas de pensums pour eux, de férule à genoux.
Prions chaque animal qui passe
De venir jouer avec nous! »
Sitôt dit, sitôt fait. Les voilà tous en quête,
Interrogeant les bois touffus,
Suppliant les oiseaux de partager leur fête.
Mais, ô surprise! à leur requête
Tous répondaient par un refus.
« Moi, je n'ai pas le temps, leur disait la fauvette;
Je couve; mes petits de chaleur ont besoin :
Veuillez me laisser seule; allez jouer plus loin.
— Moi, je n'ai pas le temps, leur disait l'alouette;
Il faut que demain sur la tour
J'annonce le lever du jour. »
Là-dessus s'enfuyait l'active messagère.
Nos écoliers alors avisent un pinson

Qui faisait aux mouches la guerre
Et s'escrimait du bec aux branches d'un buisson.
          « Pour le coup, voilà notre affaire !
Dirent-ils. Beau pinson, toi qui n'as rien à faire...
— Rien à faire ? interrompt l'oiseau fort mécontent,
Je chante, il est bien vrai ; mais je chasse en chantant.
J'égaie et je nourris mes petits, ma femelle :
Les mouches sont pour eux, et ma chanson pour elle.
Rien à faire ? Tâchez un jour d'en faire autant. »

                        II

Un peu déconcerté par cette repartie,
Et voyant ses projets échoués en partie,
Le trio s'éloigna, côtoyant un ruisseau.
Les fourmis rassemblaient les pailles en faisceau ;
          Des essaims bourdonnants d'abeilles
Allaient pomper le miel au sein des fleurs vermeilles ;
La fraise du sentier se hâtait de mûrir,
Et le blé de pousser, et le flot de courir.
Du travail à leurs yeux tout retraçait l'image.
Mais quoi ! ne pas jouer, ce serait bien dommage !
Ils s'adressent enfin au ruisseau murmurant,
Qui, tantôt comme un lac, tantôt comme un torrent,
Abreuvant de ses eaux la terre desséchée,
Obéissait aux lois de sa pente cachée.
« Ne fuyez pas si vite... Arrêtez-vous un peu !
          Lui disaient-ils, soyez de notre jeu.
— Non, non, dit le ruisseau, qui blanchissait d'écume.
Entendez-vous le fer résonnant sur l'enclume ?
Du moulin qui s'agite entendez-vous le bruit ?
Il m'appelle, j'y vais : je marche jour et nuit.
M'arrêter ? Eh qui donc féconderait la plaine ?
Qui broierait le froment ? qui laverait la laine ?
Qui ferait manœuvrer tous ces mille marteaux ?
Qui, si je m'arrêtais, porterait les bateaux ?
Arrière, paresseux ! » Poursuivant sa carrière,
Le ruisseau répétait ces mots : « Arrière ! arrière ! »

Nos trois bambins comprirent la leçon
Que leur avaient déjà donnée à tour de rôle
  Et la fauvette et le pinson;
  Et tout penauds, sans dire une parole,
    Ils s'en allèrent à l'école.

CORDELLIER-DELANOUE.

---

41. — Le savant et le voleur.

L'abbé de Molières était un homme simple et pauvre, étranger à tout, hors à ses travaux philosophiques. Il n'avait point de valets, et travaillait dans son lit, faute de bois, sa culotte sur sa tête, par-dessus son bonnet, les deux côtés pendant à droite et à gauche. Un matin, il entend frapper à sa porte : « Qui va là? — Ouvrez! » Il tire un cordon, et la porte s'ouvre. L'abbé de Molières, ne regardant pas : « Qui êtes-vous? — Donnez-moi de l'argent. — De l'argent? — Oui, de l'argent. — Ah ! j'entends, vous êtes un voleur. — Voleur ou non, il me faut de l'argent. — Vraiment oui, il vous en faut? Eh bien! cherchez là-dedans. » Il tend le cou, présente un des côtés de sa culotte; le voleur fouille. « Eh bien? — Il n'y a pas d'argent. — Vraiment non, mais il y a ma clef. — Eh bien! cette clef?... — Cette clef, prenez-la. — Je la tiens. — Allez-vous-en à ce secrétaire, ouvrez. » Le voleur met la clef dans un autre tiroir : « Laissez donc, ne dérangez pas, ce sont mes papiers; à l'autre tiroir vous trouverez de l'argent. — Le voilà. — Eh bien, prenez. Fermez le tiroir! » Le voleur s'enfuit. « Monsieur le voleur! fermez donc la porte!... Il laisse la porte ouverte!... Quel chien de voleur!... Il faut que je me lève par le froid qu'il fait! Maudit voleur! » L'abbé saute à pieds, va fermer la porte et revient se mettre au travail, sans songer peut-être qu'il n'avait pas de quoi payer son dîner.

CHAMFORT.

---

42. — Le parasite congédié.

Du monde ayant mal fait l'étude,
Damis le chevalier se fit une habitude
De dîner tous les jours dans la même maison,
Chez d'honnêtes bourgeois de moyenne fortune,
A la table desquels sa visite importune,
Au bout de quinze jours, devint hors de saison.
Suzon, tout à la fois honnête chambrière
      Et gouvernante et cuisinière,
Lui disait vainement, avec son gros bon sens :
« Monsieur le chevalier, mes maîtres sont absents. »

— C'est égal, répondait l'entêté parasite ;
A leur petit Fanfan je vais rendre visite...
Et toi-même, Suzon, comment cela va-t-il ?
Hein ! pas très mal, je crois ?... » Ou bien, adroit, subtil,
      Et sachant braver tout scrupule,
      Il disait dans son vil caquet :
« Je vais, dans le salon, parler au perroquet. »

Ou bien : « Je vais régler ma montre à la pendule. »
        Et la pauvre fille crédule,
N'osant pas trop d'ailleurs brusquer le chevalier,
        De peur de se rendre blâmable,
    Dans le salon feignait de l'oublier,
    En attendant que l'on se mît à table.
    Au maître enfin ce manège déplut ;
    Il consigna l'intrigant à la porte,
    Et sermonna Suzon de telle sorte
Que, quand le lendemain le dîneur accourut,
Suzon, qui le guettait, postée à sa fenêtre,
Lui cria, dans la rue, en le voyant paraître :
« Monsieur le chevalier, retournez sur vos pas ;
Mes maîtres sont sortis, monsieur Fanfan sommeille,
Le perroquet est mort, je me porte à merveille,
        Et la pendule ne va pas. »

CAPELLE.

43. — Les sauveteurs du Havre.

La mer était furieuse : un sloop de pêche désemparé
faisait des signaux de détresse à un mille du port.
Le directeur du sauvetage s'approcha du patron Lecroisey,
dont le bateau était armé, et lui demanda s'il pouvait
partir. Sans hésiter, Lecroisey donna à ses dix compagnons l'ordre du départ. Pendant deux heures, on vit ces
onze hommes lutter contre les vagues, s'approcher du
sloop en détresse et guetter le moment d'en recueillir
l'équipage. Puis, tout à coup, la tempête emporta le sloop
dans la direction de Honfleur. Acharnés à leur œuvre de
salut, les intrépides marins se dirigèrent du même côté.
C'était risquer leur vie ; mais, il y avait là, tout près, six
hommes à sauver, dont les regards étaient tournés vers
eux. Ils ne purent résister à cet appel et tentèrent un
suprême effort. Quelques minutes après, un paquet de
mer avait déchiré leur voile et fait chavirer leur bateau.
Quelques têtes humaines apparurent un instant au milieu

des vagues; puis la mer se referma sur ses victimes. Les onze marins du Havre avaient vécu.

Il y a dans ce drame pathétique un épilogue auquel on ne fait pas assez attention. Notre pensée se porte naturellement vers ceux qui ont péri. Mais derrière eux, au moment même où leur embarcation venait de sombrer, un nouveau canot prenait la mer, s'exposant aux mêmes dangers, affrontant les mêmes chances de mort. Et il en est toujours ainsi dans ce noble pays de France. Partout où des victimes vont succomber, les dévouements sont prêts; on se dispute l'honneur de les sauver ou de mourir avec elles.

MÉZIÈRES.

44. — Bonjour!

Enfant, levez-vous! l'aurore
Depuis longtemps brille aux cieux!
Pouvez-vous dormir encore,
   Petit paresseux!

Ouvrez vos paupières closes,
Et venez, à votre tour,
Souhaiter à toutes choses
   Un joyeux bonjour!

— Bonjour, montagnes hardies
Dont les sommets enflammés
Semblent autant d'incendies
   Par l'aube allumés!

Bonjour, paisibles vallées
Où s'enfonce le regard,
Encore à demi voilées
   D'un léger brouillard!

Bonjour, légères nacelles
Ouvrant déjà dans le port
Vos voiles, comme des ailes,
   Pour fuir loin du bord!

Bonjour, laboureur qui creuses
Tes sillons en gémissant :
Qu'un grain, sous tes mains heureuses,
   En produise cent!

Bonjour, gentille fermière,
Qui pars de si grand matin
Pour arriver la première
   Au marché lointain!

Bonjour, voyageur : courage,
Avant la chaleur du jour!
Bon accueil sur ton passage,
   Et meilleur retour!

Bonjour, vous tous que ramène
Aux champs ou dans l'atelier
Du labeur de la semaine
   L'appel journalier!

Dieu bénisse votre voie
Et sur vos fronts satisfaits
Fasse rayonner sa joie
   Et briller sa paix!

TOURNIER.

45. — Bonsoir!

Venez, enfant! l'heure avance,
Votre oreiller vous attend;
Avec l'ombre, le silence
   Croît à chaque instant.

Venez, avant la prière,
Sur mes genoux vous asseoir,
Et dire aux cieux, à la terre,
   Un dernier bonsoir.

— Bonsoir, brillantes étoiles,
Chœur des astres de la nuit,
Que dans un azur sans voiles
   La lune conduit!

Bonsoir, montagnes lointaines,
Découpant sur un ciel pur
Vos silhouettes sereines,
  Argent sur azur !

Bonsoir, plaines odorantes,
D'où, comme d'un encensoir,
Des senteurs plus pénétrantes,
  Montent vers le soir !

Bonsoir, paisibles villages
Dont le clocher dans la nuit,
Seul, au-dessus des feuillages,
  Scintille et reluit !

Bonsoir, laboureur : oublie
Dans un repos bienfaisant
Le poids de ta rude vie,
  Parfois si pesant !

Bonsoir aussi, pauvre fille,
Qui, souvent jusqu'au matin,
Penches ton front sur l'aiguille
  Pour avoir du pain !

Bonsoir, malades, qu'éclaire
De son obscure prison
La veilleuse solitaire,
  Triste compagnon !

Qu'un peu de sommeil suspende,
Calme du moins vos douleurs,
Et que d'en haut Dieu répande
  Sa paix dans vos cœurs !

TOURNIER.

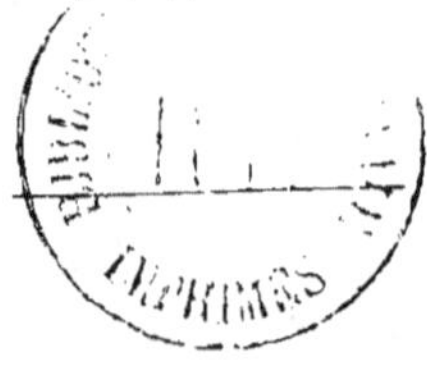

TABLE DES MATIÈRES

PREMIÈRE PARTIE

DEUXIÈME PARTIE

TABLE MÉTHODIQUE

LA FAMILLE

L'ÉCOLE

LA PATRIE

MORALE SOCIALE ET INDIVIDUELLE

QUALITÉS ET VERTUS

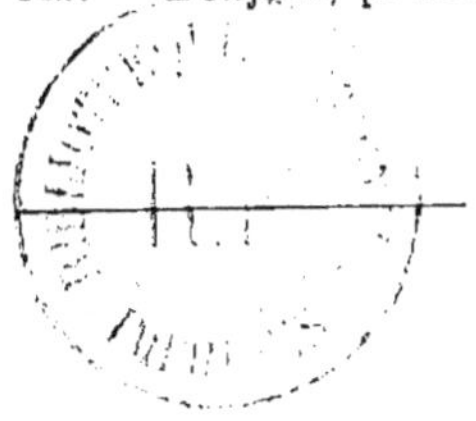

SAINT-CLOUD. — IMPRIMERIE BELIN FRÈRES.

9 782329 795836